U0274728

错维竞争

未来商业的制胜战略

刘润泽 著

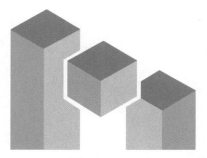

Interdimensional
Competition Strategy

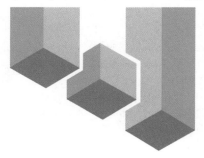

新时代
〈管理〉
新思维

清华大学出版社
北京

图书在版编目（CIP）数据

错维竞争：未来商业的制胜战略 / 刘润泽著.
北京：清华大学出版社，2024. 6. --（新时代·管理
新思维）. -- ISBN 978-7-302-66479-6

Ⅰ. F272

中国国家版本馆 CIP 数据核字第 2024K71E33 号

责任编辑：左玉冰
封面设计：徐　超
版式设计：张　姿
责任校对：宋玉莲
责任印制：沈　露

出版发行：清华大学出版社
　　　　　网　　　址：https://www.tup.com.cn，https://www.wqxuetang.com
　　　　　地　　　址：北京清华大学学研大厦 A 座　　　　邮　　编：100084
　　　　　社 总 机：010-83470000　　　　　　　　　　邮　　购：010-62786544
　　　　　投稿与读者服务：010-62776969，c-service@tup.tsinghua.edu.cn
　　　　　质 量 反 馈：010-62772015，zhiliang@tup.tsinghua.edu.cn
印 装 者：小森印刷（北京）有限公司
经　　销：全国新华书店
开　　本：170mm×240mm　　　印　张：19　　　字　　数：227 千字
版　　次：2024 年 8 月第 1 版　　　　　　　印　　次：2024 年 8 月第 1 次印刷
定　　价：88.00 元

产品编号：104658-01

自 序
PREFACE

欢迎来到错维的新世界 》》》

在商业舞台上，我们正处于一个充满挑战与无限机遇的时代。传统的商业竞争方式正经历着翻天覆地的改变，而这种改变的本质是"错维竞争"。

"错维竞争"并非简单地颠覆传统，而是一种革命性的商业理念，它敏锐地洞察了市场的变化和消费者的需求，同时，它也不再是传统意义上的"对抗"，而是一种重新定义业务目标、重新构思行业规则的革新思维模式。

在这全新的竞争纪元中，商业面临着前所未有的机遇和挑战。随着科技、全球化和社会变革的快速发展，企业必须不断演进以适应这个不断变化的商业环境。

从时间维度来看，在不知不觉间，我们经历了4个商业阶段（如图1所示）。

图1　我们经历的4个商业阶段

Ⅰ

1.0 阶段：农耕时代

这一阶段标志着人类文明的初步蜕变。在这个阶段，人类首次尝试居住在固定的居所并开始了土地耕作。这一时代可以视为人类历史上向现代文明迈出的第一步。此时生产力相对较低，大部分人的生活主要集中在满足基本的生存需求，如食物和住所。贸易开始萌芽，但由于技术的限制，大规模生产和交易并不常见，市场的集中度相对较低。

这一时代的信息传递手段非常原始。远程通信主要依赖航海或马匹进行信息的传递，大多数人在生活中只能接触到非常有限的信息，与外界的互动也大多局限在相对狭小的地域内。这种生活方式和信息的闭塞性为后续的工业革命和技术变革埋下了伏笔。

2.0 阶段：工业时代（包含蒸汽与电气时代）

这个时期的标志性发明蒸汽机，为人类的工业生产提供了前所未有的动力，使得生产效率和产能得到了显著的提高。与之前以人力和畜力为主的生产方式相比，蒸汽机为大规模生产和工厂制造提供了可能。

随着工业生产的发展，市场集中度也逐渐上升。产品可以在更大规模上生产，并迅速输送到各地，满足了日益增长的消费需求。在这一阶段，消费者开始享受到更多元化的产品，其生活质量也因此得到了显著提升。与此同时，通信技术也迎来了重大突破，电话的诞生极大地加快了信息传输的效率，人们拥有了跨地域的实时通信能力。此外，为了更好地提升生产效率，管理学理论开始盛行起来。

3.0 阶段："前"信息时代

芯片诞生代表人类技术进步的又一巨大飞跃。在这个时代，电器和自动化技术的广泛应用，使得产能得到爆炸式的增长。生产线的自动化不仅提高了效率，还确保了产品的质量和一致性。这样的高效率生产导致市场上供应量的急剧增加，出现了供大于求的现象。

随着生产技术的进步，企业开始寻求产品错位的差异化，以满足消费者多元化的需求。由此形成产品创新和市场细分的趋势，为消费者带来了更丰富、更具选择性的消费体验。

这一时期也是中心化媒体的黄金时代。随着电视和广播的普及，信息可以迅速、广泛地被传播。这为品牌创造了前所未有的影响力，使其可以通过这些中心化媒体深入人心，塑造自身的形象。因此，品牌开始在消费者的心目中占据重要地位，品牌的意义和价值得到了前所未有的强化。电气时代不仅是技术和经济的进步，更是文化和商业模式演变的关键时期。

4.0 阶段："后"信息时代（或称人工智能时代）

这个时代的生产力不仅得到了极大的提升，还深度融合了 AI 和 3D 打印等前沿技术。AI 的加入使得生产过程更加智能化和个性化，而 3D 打印则赋予了生产无限的可能性，从定制化小批量生产到复杂结构的制造都变得唾手可得。

信息技术的跨越式提升让信息传输速度达到了前所未有的程度，我们进入了去中心化的媒体时代，Web3.0 技术的诞生使得信息传播更加民主化和透明化。消费者对品牌的认知不再受限于单一或中心化的传播渠道，他们可以从多个维度、多个角度来全方位了解和感知品牌，这样的全息认知意味着消费者对品牌不再满足于单一的、表面的了解。

在这样的背景下，心智的概念被逐渐弱化，消费者更看重品牌的实际价值和体验。他们的需求不再只是物质层面的，更多地涉及情感、精神更深层次的连接。商业竞争也发生了根本的变化，仅仅局限于平面的错位竞争已经不能满足更加立体的商业发展。多维竞争的时代已经到来，即品牌将从立体的、多维的视角展开竞争，构建未来的核心竞争力。而错维竞争将成为"多维世界"的竞争法则。

阶段交替之中的冲突与破局

今天，我们身处一个转折的时代，正值 3.0 阶段与 4.0 阶段的交汇处。这标志着人类将从"平面"时代，跃升为"立体"时代。有趣的是，尽管我们是三维的生物，但我们的思维模式却往往局限在一维的线性逻辑中，而我们面对的外部环境却又是多维的世界。这种局限性导致我们的认知与复杂多变的现实世界产生了巨大的冲突，我们试图用简单的线性方式应对一个多维的、非线性的世界。

直到近年来，"内卷"一时间成了商业中热议的话题。其概念是指在一个竞争激烈的市场中，企业和个体为了保持自身的生存和发展，不得不与同业者在某个相同的维度中无休止地竞争，哪怕这种竞争并不会带来实质性的进步或增长。形成"内卷"的主要原因还是单维思维模式以及盲从效应。当企业无法跳出现有的思维框架，只是机械地复制他人成功的要素时，他们就陷入了这种"努力的泥潭"。要解决内卷现象，企业和个体需要跳出单维的束缚，跳出传统的、局限的框架。

所以本书中我们提出的概念是维度与错维，而不是错位。虽然只有一字之差，但其中蕴含的意义是不可小觑的。"位"是一个有始有终、有界限的概念，它只能描述线性的关系；而"维"的概念则更开放、包容，能够描述非线性、复杂的关系。"错位"意味着在同一个维度上的偏离，它是线性的、有前后之分的。而"错维"则意味着跨越不同的维度，它突破了线性的限制，强调的是多维度之间的交互和相互影响。使用"维"的概念，使我们能够跳出固有的思维框架，尝试以一个全新的、多角度的视野来看待问题。

如何能在瞬息万变的时代获得"全胜"

一时间，世界诸多的巨变扑面而来，我们已经进入了一个瞬息万变的新纪元。那么在这样一个新纪元中,我们又将如何在时代的洪流中实现"全胜"呢?是一味地追赶?一味地迎合?还是一味地效仿?显然都不是,恰恰相反,这将是一个"回归"的时代。

技术的飞速发展不仅使我们能够迅速获得数据,而且使我们能够从多个角度和维度来了解一个品牌。过去由于信息的局限性,很多品牌都能凭借表面的宣传和营销策略树立一个美好的形象,但现在,这种情况将彻底被改变。

这种深入的了解,使得那些只依赖表面宣传和浮夸承诺的营销泡沫迅速被戳破。因此,在未来的商业中,那些真正能够从根本上创造超越竞争对手价值的企业与品牌,将更容易脱离焦灼的同维竞争,成为各自领域中的"独角兽"。

随着社会的进步和消费者认知的提升,商业的本质正逐渐从纯粹的利润追求回归到"价值互换"的本质。这意味着商业不再是简单的商品交换,而是在提供产品或服务的同时,更加注重价值创造和与消费者之间的分享。这种价值是多维度的,包含物质、情感、精神、文化和社会价值等。

在这样的背景下,商业竞争也正在发生改变。过去的竞争往往集中在品牌知名度、市场份额和价格上。而现在,更多的企业意识到真正的竞争力来自是否能够提供独特和有深度的价值。这种价值能够满足消费者的实际需求,引发他们的共鸣,甚至影响他们的生活方式和价值观。

因此,未来的商业竞争将更加注重价值的创造和传递,那些能够真正理解和响应消费者需求,提供超越单纯产品属性价值的企业与品牌,将更容易在时代中胜出。这是一场关于价值高低、深度和广度的角逐,也是商业发展的必然趋势。

错维的新世界

遵循商业发展的必然趋势,是在竞争中取得成功的关键所在。企业不仅需要敏锐地洞察这些趋势，而且要抓住机遇并迅速做出应对。沿着这一趋势抽丝剥茧，错维竞争成了新时代商业的前沿。正如开篇所说，错维竞争不是简单地改变，而是一种颠覆传统模式的革新，一种重新定义商业规则的战略，更是一种全新的思维方式。

然而，改变是一个循序渐进的过程。为了更加深入地研究错维竞争，本书应运而生。在书中，我们将深入探索维度的世界。

第 1～3 章，我们以价值为核心，厘清维度的各种概念（超维、增维、升维、跨维、降维等），从更加宏观的角度帮助更多人看清维度的变化以及其对于最终结果的影响。错维竞争的核心思想是竞争者通过不同维度上品牌价值的调节与优化，在同维的环境中，形成一个明显超越同维竞争对手的价值系统。

第 4 章，我们通过发掘错维的创意层面，进一步发现不同事物的错维连接能够产生全新的创意形式（错维创意）。好的创意可以帮助品牌瞬间脱颖而出，获得更多人的关注，最终以达到第 6 章所讲述的错维的"哇噢时刻"。

第 5 章，我们通过维度的变化，引入了势能的概念，同时通过维度的变化而导致的势能变化，让你能够更加清晰地理解事物错维的过程。这一章借用田忌赛马的经典故事来和读者一起深入思考以强胜弱的重要性。

第 7 章，我们进一步将错维竞争这个概念落地，提出了品牌价值评分系统，让大家可以更加直观地看到品牌竞争者与自己身处不同维度的强弱关系，从而在双方评分的基础上，做出进一步的判断：是选择竞争，还是用错维的方式调整自己的评分，或是放弃竞争。

第 8～10 章，我们通过解读典型的行业案例，讨论为什么要先错维，再错位，并阐述了错维下的品牌打造，探讨了品牌未来的发展趋势，最终迈向"万物皆可错维"的新世界。

在全新的世界中，错维竞争不仅是为了颠覆，引领企业走向成功之路，它还代表了创新、灵活性和持续变革。商业也并非只谈竞争与利润，它更是一种关于创造、激情和影响力的旅程。这是一个充满创新火花和前所未有的可能性的时代，也是一个需要我们以更宽广的视野和更深层次的思考来面对的时代。适应性和敏捷性将成为企业在未来竞争激烈的商业环境中的核心优势。

我相信，每个企业都是一首独特的诗，用自己的节奏、音符和旋律谱写着自己的故事。在错维竞争的舞台上，企业将探索并发掘自己独特的旋律，将其与众不同的音符编织成绚烂的乐章。让我们在追逐成功的旅途上不忘珍惜每一个瞬间，创造每一个机遇，为我们自己、为企业、为社会，绘制出一幅充满活力与希望的美丽画卷。愿我们一同迎接这错维竞争的新晨，谱写全新的商业传奇。

刘润泽

2024 年 3 月于上海

目 录
CONTENTS

01 第1章
单维竞争落幕，
多维竞争开始

在很长的一段时期内，信息的闭塞使得消费者长期处于"盲人摸象"的营销混沌时代，这个时代中人们很难去探寻事物的本质，信息差也造成消费者对品牌的盲目追逐，更有甚者认为只要做好一个维度的事便万事大吉，但这恰恰制约了新品牌的想象空间。

不知不觉，"内卷"成了行业热词，你会发现与竞争对手处于同一维度竞争，所有人绞尽脑汁也无法跳脱单一维度对思维的局限。这终将是一场"伤敌一千，自损八百"的消耗战，并且这场战争没有赢家。于是，如何破"圈"的声音越发强烈，成了商业竞争从单维向多维蜕变的导火线。

那么，这个世界还有哪些变化？单维竞争的局限是什么？更多维的世界是什么样子？未来的竞争有什么发展趋势？而我们又该以怎样的思维去应对更残酷的竞争？

1.1 一觉醒来，世界已经大不一样

通信技术的迭代使得商业世界的竞争环境发生了天翻地覆的转变，一个全息的、立体的、无比炫丽的多维世界正逐渐地呈现在世人面前，我们可以称之为"庖丁解牛"的新纪元。世人将以全息的形式了解身边的一切事物，以及事物的一切细节，并加入与其他同类事物对比的详细数据。

千篇一律的品牌与商品也开始进入黄昏期，我们开始窥见"亿人亿面"的踪迹，也许在不久的将来，每个人使用的物品都将是为其量身定制且独一无二的。需求的多元化升级也将构建出一个多维的新世界（如图 1-1 所示）。而这崭新的一页，我们已触手可及。

图1-1 埃隆马斯克机器人[1]

美国时间 2023 年 3 月 1 日，马斯克[2]在得克萨斯州超级工厂举办的投资者日活动上表示：机器人未来可以自己制造自己，而且未来的数量将远超人类。此言论一经发表，引得全球哗然，人们惊诧之余连连发出感叹，就在我们眨

---

1   Tesla YouTube: 2023 Investor Day。

2   全名埃隆·里夫·马斯克（Elon Reeve Musk），1971年6月28日出生于南非的行政
     首都比勒陀利亚。美国、南非、加拿大三重国籍的企业家、工程师、发明家、慈善
     家，特斯拉（TESLA）创始人兼首席执行官，太空探索技术公司（SpaceX）首席执
     行官兼首席技术官、推特首席执行官。

眼之间，自己认为的铁饭碗仿佛都开始摇晃了！

2022 年 11 月 30 日，智能（AI）研究机构 OpenAI 发布了全新概念的聊天机器人 ChatGPT，仅上线 2 个月就获得超 1 亿名用户。它不仅可以和你探讨深奥的学术问题，还可以根据你的需求在几分钟之内帮你编写好公司官网的代码，为你即将购买的商品提出建议，帮助你分析商品的各项指标。如果你正在追求一个心仪的女孩，又不懂得如何表达，没关系，交给 ChatGPT 吧。

此外，就本书的主题及对于维度变化的看法，我们也可以跟它聊聊看（如图 1-2 所示）！

图1-2　ChatGPT[1]

1　ChatGPT网页截图。

有时候你可能会觉得它是一本正经地胡编乱造，但没关系，就在短短的几个月之后，更加强大的 GPT-4 上线了，它不但纠正了此前的系统错误，而且融入了图片的识别与图像输出功能。然而如此强大的系统只是它的萌芽状态，不敢想象当 GPT 某一天具备了人类的五感，或自我意识觉醒之后，又会是什么样的场景。

2021 年 11 月 19 日，美国著名歌手贾斯汀·比伯[1] 在虚拟音乐平台 Wave 上举办了个人首场元宇宙演唱会惊艳全球（如图 1-3 所示）。Wave 运用先进的数字模拟与实时捕捉系统，让比伯仅在影棚穿着特殊的服装，就完成了整场演唱会。智能系统将现场实时转换为数字场景，瞬息万变的舞台，让比伯随时穿梭于海洋、沙漠、城市、宇宙等无数场景中，并且比伯的所有动作也都做到了完全同步。

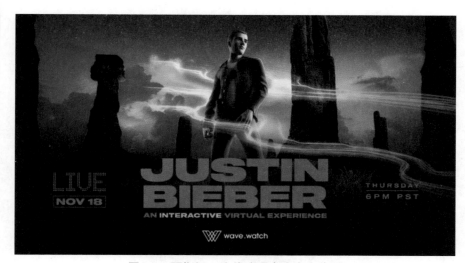

图1-3　贾斯汀·比伯演唱会官方宣传图

1　贾斯汀·比伯（Justin Bieber），1994年3月1日出生于加拿大安大略省斯特拉特福市，加拿大流行乐男歌手、影视演员。

1.2　你需要了解的"吓尿指数"

时代的跃迁带来了新的名词"吓尿指数"。对，你没有看错，就是"吓尿指数"。它是由谷歌技术总监、美国奇点大学创始人雷·库兹韦尔针对人类社会发展速度提出的新名词，其基本含义是将一个生活在若干年前的人带到我们现在的生活环境，如果他因为现代的交通、科技和生活状况而感到恐惧，那么这个若干年就是我们这个世纪的"吓尿指数"。就比如300年前的清朝人通过时空隧道穿越到现代社会，当他看到高耸入云的摩天大楼、能够随时跟万里之外交流的手机、滑行在天空中的空客飞机，可能瞬间就被"吓尿"了。

1969年阿波罗成功登月后，苏联毅然决然地叫停了与美国的军备竞赛，原因是苏联觉得美国登月的消息并不属实，更像是在好莱坞电影棚拍摄的景象。而美国却不以为然，它认为地球与月球没有多大差别，没必要纠结这些。此次阿波罗飞船从指挥到运行，整套程序的计算力耗资千亿美元。然而这样的计算力相比今天普通手机的计算力却相差了数万倍（如图1-4所示）。

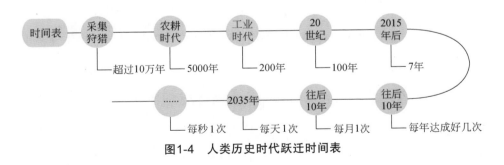

图1-4　人类历史时代跃迁时间表

库兹韦尔认为，"吓尿指数"并非一成不变，它正在随着人类科技的发展而逐渐变短。人类从最早的采集狩猎时代到农耕时代经历了10万余年，从农耕时代到工业时代用了 5000 年，而在 2015 年后"吓尿指数"缩短到 7 年，其缩短的时间也正在以指数级的速度变化。2035 年后，我们可能每天都会经历 1 次"吓尿指数"。

曾经红极一时的大哥大、胶片相机、MP3 等，似乎一夜之间离开了我们。甚至你都很难再去适应 3 年前心爱的手机。所以当时代抛弃你的时候，连一个招呼都不会打。是的，也许是时代根本来不及跟你打招呼吧。那么现在的世界都在发生哪些变革呢？而我们是否已经被抛弃了？

1.3 世界正在发生的多维变革

消费人群与消费需求的变革

Z 世代是指出生于 1995—2009 年的群体，他们是数字技术的原住民，在消费观念以及生活方式上都与 Y 世代形成了鲜明的反差。Z 世代由于受到智能手机、平板电脑、VR 体验等数字技术变革的影响，拥有自我独立的个性，更加注重产品的体验感和自我价值的实现。

20 世纪 80 年代时，人们的消费需求仅停留在马斯洛[1] 提出的温饱和安全性的需求。进入 Z 世代后，人们则更加重视社交的需求、被关注的需求及自我实现的需求。现在的年轻人不仅关注产品的品质，还关注情绪与精神价值能

1　亚伯拉罕·马斯洛是美国著名社会心理学家，第三代心理学的开创者，提出了融合精神分析心理学和行为主义心理学的人本主义心理学，于其中融合了其美学思想。

不能直达他们的内心。他们不再迎合他人的喜好，活得更加潇洒与自我。有时你可能会听到 Z 世代的年轻人的自我调侃："'95 后'都是佛性青年，主打的就是一个真诚。"他们是乐于分享的一代，其消费观不再来自传统媒体，更多地来自身边的好友、喜欢的主播。"种草"与"拔草"成了更受欢迎的营销模式。

Z 世代消费者有两大典型特征：一是偏向于社交性，往往会为带有社交属性的产品买单，喜欢"种草"，乐于在虚拟世界以"社交货币"消费；二是愿意以精神消费驱动实体消费，凡是感兴趣、体验感强的产品就能获得他们的青睐，如 IP 手办、盲盒（如图 1-5 所示）。

图1-5　Z世代的年轻人[1]

新生代消费者的习惯与需求已悄然呈现，企业想要吸引这一群体的注意力，当务之急是要"定位精准、风格自洽、融入青年"，让产品保持年轻化。

1　AI生成图。

街头巷尾涌现的陆冲板、霸占"足球场"的极限飞盘、被"发烧友"们笑称带剑走江湖的高山滑雪……一跃成为年轻人热捧的"顶流"运动，当年轻人乐此不疲地享受沉浸式体验的乐趣时，由此衍生出的俱乐部、训练营也是热火朝天。而一边损害健康，一边养生保健的"朋克养生"行为，也在年轻人群中流行开来，炸鸡配热茶、可乐放党参、蹦迪贴膏药、啤酒加枸杞……这些拧巴行为的背后影射的正是年轻人既要及时行乐，又想无病无恙的矛盾心理。

不可否认，我们都深刻地感受到品牌年轻化给消费、商业带来的变化，以兴趣、社交、体验为主的消费不断推动品牌的迭代升级。不仅如此，Z 世代消费者自带的特质让"沉浸体验""颜值经济""宠物经济"，包括我们前面讲到的"种草"等都不再局限于想象中，而是映射到现实世界，衍生出多种更具魅力的新业态。不得不说，"年轻力"正在推着品牌破圈成长，而我国的新商业格局正在变革中与时俱进。

信息技术与媒体的变革

不经意间第三代互联网 Web3.0 时代已经到来（如图 1-6 所示），我们不再局限于 Web1.0 第一代互联网时代的信息单向传输——只可浏览，不可编辑；也不再束缚于 Web2.0 第二代互联网的媒介或平台——虽可自由创造内容，却无法享受相关权益，全部权益归平台所有。Web3.0 时代突出体现的是信息的去中心化，每个人都是一个独立的节点，用户的个体价值得到了更为体面的尊重，人们不仅可读、可写，还可享有自己所创内容的所有权和收益，通过公共的区块链网络、高度的互操作性，真正实现了万物互联。

	Web1.0	Web2.0	Web3.0
载体	电脑	手机	多维一体
信息方向	单向	双向、少量价值	双向、价值交互
应用范围	消费媒介	购物与服务	生活在其中

图1-6 信息技术与媒体的变革

Web3.0无形中也改变了未来信息的传播方式，从中心化媒体时代，逐步转向去中心化媒体时代。在中心化媒体时代，信息是闭塞的、不流通的、不对称的，消费者购买产品时看到的只是商家想让他们看到的表面信息，往往不够具体与完整；到了去中心化媒体时代，整个世界可以非常清晰、透明、完整地展现在消费者面前。当消费者可以更立体地了解他们所购买品牌的商品时，购买需求也将随之变得更加多元。

消费者将逐步告别"盲人摸象"的时代，在越来越了解产品的同时，也越来越了解自己。而AI技术的出现，将使得这一进程加速，进而带动需求进一步碎片化与细分化，如审美的分化、时间的分化、场景的分化、思维的分化等，以至于消费者的消费观念也越来越个性化。

大众的心智受品牌营销的影响逐渐减弱，明星的影响力也逐渐变小。年轻用户的消费决策可能来源于他喜欢的某个主播，也可能是他身边的朋友，抑或是平台根据其喜好统一推送的内容。可谓是推荐得越精准，用户就越容易上瘾，也越容易留住用户。比如，今日头条就是根据人群不同维度，细分到年龄、地域、喜欢领域等各个维度，通过不同维度人群投票喜好文章的分析统计结果，精准地为每个人推荐不同类别的热门文章。

当然，不受局限的连接方式也将带给我们更多的创意与创新的方式，这些都值得我们拭目以待！

生产力的变革：B2C 到 C2C、C2B、C2M、3D 打印

工业生产力的提升，进一步促进了供大于求的消费关系。未来较长的一段时间，都将是以消费者为主导的商业时代。未来的产品将以消费者为主导设计来完成，每个人都可以定制自己独一无二的联名款。比如，以前我们要选购一双鞋，只能跟随品牌的脚步，被动选择生产好的款式和配色。近两年，很多品牌推出了个性化的定制服务。Vans（范斯）[1]在中国上线了 Customs 定制鞋平台，消费者只需要花同款产品的市场价，就能自主在线随意搭配色调和选材，为自己打造一双独一无二的专属款球鞋。

从商业角度来说，这个转变过程是从 B2C[2] 到现在的 C2C[3]、C2B[4]。在不久的将来，消费者如果喜欢某件产品，可以与厂家沟通产品的设计、定制方案，参与整个生产流程，在消费者体验和提出建议后再预售并制造。即使生产完成，消费者依然可以给予反馈意见。这意味着传统的工厂逐渐互联网化，将大量的生产和个性化定制结合起来，消费者也逐渐从选择性消费变成了终身消费。

而 3D 打印技术的出现将使碎片化的定制生产成为可能（如图 1-7 所示）。众多人认为 3D 打印将是第三次工业革命，"一切皆可打印"已并不遥远。其应用范围已悄然渗透人们生活中的每一个角落，未来的 3D 打印将会在三个方面得到更加深入的应用。

1　Vans（范斯）于1966年诞生于美国南加州，是原创极限运动潮牌，致力于发展原创性的同时支持全世界的板类和车类运动。
2　B2C主要是指商业机构通过互联网对消费者提供在线销售服务。
3　C2C，即C to C，主要是指消费者与消费者之间的电子商务，也就是个人与个人之间的网络交易。
4　C2B是消费者对企业的电子商务模式，即工厂做完了产品找渠道卖给客户，客户单方面接受。

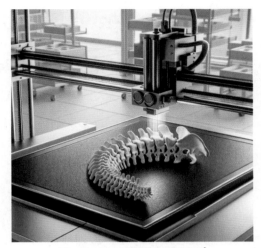

图1-7　3D打印应用示意图[1]

1. 航空航天领域的应用。就在现在，飞机与航天器核心精密部件都逐步开始由 3D 打印完成。如果在空中缺少什么物品，不用再使用火箭投送，交给 3D 打印就可以。

2. 生物医疗领域的应用。3D 打印不仅可以打印人类的骨骼，而且可以通过干细胞的分化打印人类的五脏六腑。可以想象在不久的将来，人类的寿命将会大大延长。也许我们再也不用担心健康问题了，因为哪里不好就可以打印哪里。

3. 消费领域的应用。3D 打印食品，西班牙、以色列等一些国家的生物公司已经开始了 3D 打印牛肉的研发工作。想要什么样的口感、什么样的花纹，统统都可以给你安排得明明白白。

或者未来我们每个人的家里都会有一台可以打印万物的 3D 打印机！需要什么，我们只需要告诉 AI 来帮我们启动打印程序就可以了！

1　AI生成图。

科技的变革：AI 智能机器人，ChatGPT 与 AI 大模型

不得不说，AI 机器人正在渗透各个领域，给我们的生活带来了翻天覆地的变化。AI 凭借高超的智慧能力构建了强大的人工智能系统，小到纳米级机器人，大到 4D 打印创新工场，未来十年，许多复杂、枯燥甚至创新型的工作岗位或将被人工智能取代。

例如，你可以随便说一句话：福特野马改装车，剩下的事交给 AI 绘画设计师就好了。它接到你的口令会立刻启动 AI 智能系统，一会儿工夫便会帮你绘出一幅理想的改装车设计图，这项技术以及其革新速度都令人瞠目结舌，难怪很多职场人士已经坐立不安，觉得自己的工作有些岌岌可危了。

AI 机器人还能帮助企业 CEO 完成演讲稿和招聘行业的分析报告，创作引人遐想的艺术作品……目前 AI 已催生了营销、建筑和内容领域的创造性工作，在不断生成全新内容的情况下大幅提升了生产力。有人称，未来人工智能就像水和电一样，会成为人类生存的基础设施，还将应用到科学、汽车、医疗、制造、航空航天、媒体、娱乐等领域，焕发众多行业商业变革的春天。

2021 年虚拟主播柳叶熙的一条视频完成涨粉 300 万名，瞬间冲上热搜。这也带动了短视频与直播行业向虚拟主播升级的进程，没准我们看到的很多短视频或直播已经由 AI 代劳了，只是我们没有发觉而已。

在设计方面，AI 机器人已经在绘画、3D 渲染、创意设计等领域取得了很大的进步。比如，你可以告诉 AI 用赛博朋克的风格来描绘未来的世界（如图 1-8 所示）。

图1-8 AI绘画[1]

在未来，AI机器人也会在更多的维度参与消费者的决策，那么机器人的决策还会来源于传统的心智模式吗？大概率不会，机器人会在网络或现实中依靠更多元的数据帮助你分析你所购买的产品，最终给你一个最适合自己消费习惯且综合性能最优的决策方案。因为机器人的决策模式是基于多维的大数据分析，并非单一维度的产品。

突然一个疑问冒了出来：未来我们人类要干点什么呢？

1.4 空间的变革

空间的变革

2024年2月2日苹果公司的首款"空间计算"设备 Apple Vision Pro 设备

1　AI生成图。

在北美上市。这标志着我们的生活空间即将迎来一次革命性的变革，随处可见头戴 Apple Vision Pro 的年轻人，他们在公园、地铁、街头随意在空中挥动双手，仿佛正在拥抱着的一个未知的新世界。与传统 AR、VR 眼镜不同，Apple Vision Pro 开启了虚拟世界与现实空间融合的大门（如图 1-9 所示）。人们可以在虚拟与现实的空间中随意切换，甚至你只用坐在家中就可以沉浸式的游览全球的名胜古迹，随时约见大洋彼岸的朋友，或是任意调取全网对你有用的数据信息。

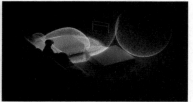

图1-9 Apple Vision Pro概念图[1]

与此同时，2024 年 2 月 16 日 OpenAI 发布了首个文本生成视频的模型——Sora。与传统 3d 渲染不同，Sora 创造了全新的多模态处理形式，模拟了人类观察世界与描绘世界的方式，类似于人类的思维或梦境场景呈现的逻辑。与其他仅能生成几秒视频的 AI 不同，Sora 可以轻松生成一镜到底的 60 秒视频，不难想象未来人人都可以成为导演。然而 Sora 的终极目标并非只是实现一个 AI 视频的工具，它希望运用这样的"模型工具"为真实的世界建模。这种改变将会极大的影响不同领域，例如无人驾驶、影视与广告、短视频、教育行业等。

试想一下，当我们头带 Apple Vision Pro，畅游在 Sora 所构建的"全新世界"会是什么样的体验，我们甚至无法分辨到底什么是现实，什么是梦境。

---

1   图片来源：https://www.apple.com/apple-vision-pro/。

正如那句话，"未来"与"天边"或许真的只在你我的一念之间（如图1-10所示）。

图1-10 Sora视频AI[1]

空间的概念正在一次又一次地被改写，从元宇宙到空间计算，一切皆有可能的未来已不再遥远。此外，随着 spaceX 航天技术的不断推进，火星移民的话题也被炒得火热，我们不妨大胆畅想一下，火星上的消费场景又将是怎么样的呢（如图1-11 所示）？

图1-11 未来火星生活场景[2]

---

1 AI生成图。

2 图片来源：https://www.apple.com/apple-vision-pro/。

产品边界的变革

近几年最引人瞩目的当属天价 NFT 艺术[1]藏品，例如 2021 年 3 月，美国画家迈克·温科尔曼用自己 5000 天的画作拼贴的图片艺术品《每一天：最初的 5000 天》[2]竟被拍卖到 6930 万美元（如图 1-12 所示），因为它是以数字作品铸造的 NFT，所以被认为是目前最富价值的数字藏品之一。随后"NFT"顺利出圈，不少投资者迅速试水该领域，力图抢占市场先机。

图1-12 《每一天：最初的5000天》

艺术家戴维用一个灰色胶带把一根香蕉粘在墙上，取名《喜剧演员》，卖到

---

1 "NFT"（Non-Fungible Token），中文翻译为"非同质化代币"，就是不能互换的代币。NFT作品本质上就是一种有价值的虚拟互联网物品，但和一般的虚拟互联网商品有所不同的是，NFT是经过加密的，具有唯一属性，并且具有确权性，一旦掌握了其私钥，谁也改变不了拥有它的事实。

2 《每一天：最初的5000天》（Everydays: The First 5000 Days，又译为《每一天：前5000天》）是世界上第一件在传统拍卖行出售的纯数字作品。它是一件非同质化代币（NFT）作品。

12 万美元；他将一张艺术家的睡床和一堆杂物搬到展馆，取名《我的床》，卖了2700 万元；他用装满甲醛的鱼缸浸泡的"鲨鱼"，取名《生者对死者无动于衷》，卖到 800 万英镑；极少主义氏族齐欧·封塔纳的空间概念系列《空间概念，等待》，在一块画布上划了一道划痕，探索与割口之外"第四维度"的黑暗空间，卖到 5.6 亿美元。

变革是新秩序的开始

毫不夸张地说，从人类诞生以来，商业变革就从未停止过，有变革就会产生危机，而危机又总会给我们带来机遇。正如美国总统肯尼迪曾经问到如何用汉语解释"危机"二字，有人告诉他："在汉语里，危机是由危险和机会两个词组成的，即危险意味着机会。"肯尼迪听后拍案叫绝："中华文化能把两个毫不相干的词融合成一个东西，太伟大了。"

各种维度的变革让我们原本平面的世界更加的立体，也必将诞生无数个新的机遇。每当这个时机，总会有善于把握机会的"黑马"闯入传统的行业之中，用新的概念与趋势，重新改写行业的游戏规则。

而危机则促使社会结构和行为方式发生改变。不难发现，疫情之后，人们的诸多生活习惯已经随之改变，比如戴口罩、保持社交距离、居家办公等。原本不被重视的自热小火锅、买菜 App 等瞬间成了家庭中的"座上宾"。此外，行动的不便也促进全球在线教育和远程办公的普及，这些新的工作和学习方式也将逐步成为未来的主流。

在变革与危机并存的商业中，对于品牌而言同样是一个新的挑战。我们更需要尽快融入全新的环境，适应当前的变化，寻求"破圈"的路径。

1.5　西方早期的营销理论遇到了困境

从产品过剩到品牌过剩时代

工业革命后商业的供给能力逐步增强，也将更多行业从供不应求推向了供大于求的局面，突围的呼声愈演愈烈，而广播与电视技术的普及为新的销售方式提供了有利的土壤，于是营销的理论犹如雨后春笋般横空出世。

不可否认 20 世纪的西方营销管理理论，对于当代商业商战起到了至关重要的作用。在那个生产力过剩而品牌匮乏的时代，新的理论帮助企业有了更多的发展空间。从美国人罗瑟·瑞夫斯（Rosser Reeves）提出 USP（Unique Selling Proposition）营销，到迈克尔·波特的差异化战略，再到艾·里斯（Al Ries）与杰克·特劳特（Jack Trout）于 20 世纪 70 年代提出的定位理论等，无不将行业的边界从单一的点逐步向更加广阔的面拓展，并让无数的创业者找到了能够聚焦的一席之地。

找到自己与竞争对手独特的点与"进入消费者心智"的概念也被众多创业者所认同，成为某一品类的代名词的概念开始火起来。从售卖产品到售卖品类与核心价值，在混沌的市场中，无疑使懂得把握机会的创业者得到了不错的回报。"得心智者，得天下"一度成为各大商学院与培训机构的热门课程。甚至大多数的品牌咨询与策划公司在服务的过程中都会提出这样的概念：想要做品牌我们是否可以找到独特的定位，或创造某一新品类。

然而有了精准的定位之后，你依然需要在营销层面耗费大量的金钱与精力，这对于初创型的企业并不友好，反而是让那些已经完成原始积累的企业有了从产品到品牌的蜕变机会。在中心化媒体的时代，这件事相对容易，因为大多数人会关注共同的电台与电视频道。所以在那个多数人并没有清晰品牌概念的年代，只要敢于投放媒体广告，很容易就可以引爆一个全国性的新品牌。

此外，经过半个多世纪的发展，在技术与生产力再次升级之后，品牌被模仿的速度也大大提升。你会发现当下市场过剩的不仅仅是产品，连同品牌的概念也开始过剩起来。当有了新的品类概念，所有人都会趋之若鹜，恨不得一夜之间就要"卷死"其他竞争者。

随着时间的慢慢推移，原本空荡荡的同业市场早已经被各种细分与差异化所占满，品类机会逐步减少，简单的平面已无法承载更多的市场空间。品牌的溢价源于稀缺性，而同维的竞争无法实现稀缺性（如图1-13所示）。

初期市场　　　　　　中期市场　　　　　　现在市场

图1-13　市场的不同阶段

那么在品牌过剩的时代，如何变革才能突出重围呢？

单维价值已经无法满足消费者的多元化需求

行业竞争的加剧使得消费者的需求也发生了变化，仅仅是具备明确的品类标签，或某类价值的凸显是不够的，需求变得越发立体。今天，如果你准备买一辆新能源汽车，你并不会只考虑续航里程或安全性问题，价格、售后服务、人机交互程度等因素都会影响你的购买决策。我们往往会趋向于选择预期价位车型中的综合价值最优方案。

拥有自己的差异化与定位固然重要，但如果仅仅拥有这些，对于当代的品牌竞争而言是远远不够的。我们似乎只考虑了横向平面的差异关系，却完全忽略了消费者更多元化的需求，忽略了纵向竞品之间的强弱关系，忽略了我们所处的竞争环境与行业趋势。

假设你发现星巴克都是全自动咖啡机制作的产品，那么精品手冲咖啡应该是一个不错的品类机会，你决定用与星巴克相同的价格售卖，但由于自己的预算不足，只能租一个小小档口作为门店。你十分兴奋地把自己的品牌小店开了起来，最终却发现，星巴克依然是门庭若市，而你的咖啡却少有人光顾。

问题到底出在哪里？是你的差异化与定位不够清晰吗？还是你的产品不够美味？显然都不是，而是你掉入了差异化就是一切的单维陷阱之中。抛开品牌力不谈，单是一杯30元的咖啡，消费者在星巴克都获得了什么？充满咖啡香气的宽敞而又优雅的环境体验、舒适的沙发座椅、可以匹配咖啡的甜品与简餐、不满意就可以重新制作的服务等，而你的门店呢，貌似只有一杯味道还算不错的咖啡。

这一切对于你而言是否似曾相识，也许你售卖的并不是咖啡，但在你的实际竞争环境中，需要你思考的远不止差异化或产品这些单一维度的要素。30元承载的也不是单一的产品，而是一整套的价值系统。除非你可以在自己的差异化之上做到完全不可替代性，否则你就需要重新审视自己与竞争对手的价值组合。

希望用单维价值满足消费者的多维价值需求，很难在未来的竞争中脱颖而出，因此我们需要用多维的价值系统重新审视自己，并找到适合自己的位置。而平面的竞争理论，无法适应更加立体的商业变革，很多时候我们都深陷无尽的同维竞争。

消费主题、消费空间、行业技术、行业生产力不断地变革，逐步将现代商业带入一个更加立体与多维的世界。然而传统的品牌理论、差异化战略、竞争思维等，似乎早已止步不前。仔细研究 20 世纪与当代的营销理论，不难发现它们均属于平面（二维）的竞争逻辑，均是以品类为起点，探索如何优先于竞争对手提出独特的价值主张，如何实现差异化，如何实现品类分化等，但这些内容始终都没能脱离平面的限制。

我们总是渴望用一维或二维运算方法去解决 N 维问题的困境，但现实却是多维的商业，需要更加立体的运算法则。况且，未来的品牌竞争并非品类内部的竞争，而是超越了品类，进入场景竞争。不同的品类之间，最终也会变成竞争对手，那么同场景中，品牌的优势还会源于单一价值吗？

难道差异化战略与定位理论已经在失去意义了吗？当然不是，只不过它只能作为运作品牌的一个维度，现在的竞争环境已不是单纯考虑心智阶梯的时代了。对于企业而言，我们需要用更多维度的价值，来扩充品牌的边界。从单维的点线面，向更加立体的竞争态势转变。就如同海洋的生态，所有的鱼不可能仅出现在同一水层，每一水层都会发现不同样态的生物。

说白了，是应该升级系统的时候了！在更加多维的商业环境中，我们需要更加立体的思维系统。

1.6 我们的创业者也仿佛遇上了大麻烦

单维认知与同维竞争：看到别人成功就开始生搬硬套，导致恶性竞争

我们的产品绝对是领先市场的，绝对不输任何行业领导品牌！

我们找到自己独特的定位，这一次一定可以一鸣惊人！

我们的价格已经是行业地板了，为什么还是卖不动？

每次走访企业的时候，总会有客户提出这样的观点或问题。你会发现他们都有一个共性，就是只会站在自己擅长的维度去思考整个行业的问题，去面对整个行业的竞争环境。在他们眼中，仿佛自己擅长的这一个点就是未来整个行业的核心，却不知除了自己看到的重点之外，消费者更在意哪些维度；殊不知整个行业的竞争，已经拓展到多个维度，不仅需要产品，还需要好的品牌形象、价值主张、服务、体验等多维度组合。

这一切都源于我们有限的单维认知。柏拉图的洞寓理论是柏拉图在《理想国》中提出的哲学观点。这个比喻描述了人们对于现实世界的无知，就好比一群生活在洞穴里的人，如果外界有火光射入，他们往往只能看到物体在身后墙壁上的投影，却始终无法看清事物的本质。因此想要走出行业的混沌，我们必须跳出现在的"洞穴"，进入"真实的世界"，用更高维度的视角审视当下的竞争。

此外，商业之中也不乏"羊群效应"，由于受到行业维度的局限，各行业的创业者，多数会选择跟行业大多数人相同的行动方式。这也无形中加剧了行

业"内卷"。行业中恶性竞争往往来自同维的竞争困境。这也恰恰是外部跨界选手能够成功"搅局"的原因，因为他们能够跳出行业的维度，用其他不同的视角重新审视行业的结果。

深陷认知沼泽

为什么不是认知陷阱，而是认知沼泽？原因是陷阱很容易被人们意识到，失败者马上可以醒悟并吸取教训，但沼泽却不然，很多自认为优秀的人往往深陷其中却不自知，身处自我认为无敌于天下的泥潭和现实中强大的对手给泼的冷水之中。一丝胜利往往就会让你燃起再次出发的勇气，但你不知道的是，当你迈出第一步的时候，你已经输掉了比赛。

虽然这话并不好听，但当局者常常是被现实彻底击溃之后才能意识到。然而不是所有人沉到泥潭底部还能轻易翻身。对于我们而言，能做的就是不断提升自己的认知维度，清醒地看待敌我势能的强弱，并远离认知沼泽。

2018年夏天，锤子科技新品发布会在北京如期举行，即便外面大雨滂沱，也挡不住人们的好奇心，大家的目标是一致的，就是想要一睹罗永浩所说的那款能够"改写人类计算机历史"的革命性设备，有可能还会是失去灵魂的苹果疯狂抄袭的产品。可是，发布会上的锤子手机令现场观众大失所望，产品的创新实在过于勉强，只是外观仿制了Surface Studio[1]，这样的产品是为了创新而创新，这样的重新定义违背了常规的逻辑。所以，最后罗永浩只能默默念叨着："玩砸了，玩砸了。"

锤子手机的失败究竟在何处？最为关键的问题是手机领域的竞争绝非单

1　Surface Studio是北京时间2016年10月26日晚10点微软在纽约发布的一体机。

纯的嘴上功夫，而是经济实力与科技研发能力的角逐。锤子手机没有找到适合自己的行业生态位置，一上来就选择正面硬刚苹果，这并不是个明智的选择，因为再好的概念最终还是需要落脚到产品上。然而行业其他选手的战略方向就比较取巧，小米对于时势的判断就非常清晰，绝不单挑老大，用高性价比赢得了市场；OPPO 手机切分年轻人的拍照神器，这些才是最强的核心竞争力。

多数时候，人们很难跳出自我认知去客观评价与外在竞品的强弱关系。俗话说得好，淹死会水的——"会水"是自知，却不是真知，因为不是所有"水塘"的环境都跟你所熟悉的"水塘"一致。有时并不是你不够优秀，而是你的对手太优秀了。

罗永浩再次出现在大众面前时，是以"交个朋友"短视频带货大咖的身份，并用"脱口秀"的优势上演了"真还传"。你说他是为了还钱，至少在商场中证明他是一个讲信用之人；你说他之前是没有认清趋势、陷在自己的认知里"自嗨"，但可以肯定的是，他自认为可以改变人类的黑科技——锤子手机失败最重要的原因，就是当年的自己没能走出认知的沼泽。

认知沼泽是多数创业者的通病，尤其是在各自领域已经取得不错成绩的创业者，往往在到了新的环境或是重新选择赛道时，都会显得迷之自信。其实环境的变化与切换新的竞争对手，都会造就新的强弱关系，而我们更是需要用动态的眼光审视每一场战斗。

"刻舟求剑"的定式思维：商业竞争就是一场流变的战争

有这样一个段子，满身健美线条的小伙子自信满满地走到 10 年前暗恋的女孩面前，骄傲地说："看看我，花了 10 年，终于变成了你曾经喜欢的那种身材，我们在一起吧！"女孩调皮地眨了眨眼，说："亲，你晚了 10 年！现在我喜欢的是……"说着，她拉起旁边那位油腻大叔，"这种风格。"然后俩人手牵手走了，留下一个"傻眼"的小伙子。

虽然这只是一个笑话，但故事的情节却映射了很多创业者的定式思维。全世界 90% 以上的数据是在过去短短两年内产生的，而我们似乎已经习惯了用"刻舟求剑"的方式来解决未来发生的诸多问题。我们非常喜欢用 10 年前的成功经验来解决当下企业的困境。我们总会把客群定位为年轻人，却又无法控制用自己年龄段的审美与沟通方式，试图吸引目标人群，说来这也算一种内耗。

商业竞争可以被视作一场流变的战争。在不断变化的市场环境中，与时俱进的能力和适应性成为品牌发展的关键要素。而持有过时、固化的思维将是压垮骆驼的最后一根稻草。

1.7　探寻商业中的不变法则

那么，在这巨大的时代浪潮中，我们又将如何前行，是一味地追逐变化吗？当然不，我们需要的是回到商业的原点和竞争制胜的核心，重新出发。

商业的第一性是什么？

亚马逊创始人贝佐斯曾谈道："这些年我经常被问到，'未来 10 年会有什么样的变化？'我认为，什么是不变的更为重要，因为你的战略往往是基于不变的事物。"是的，在越来越多维的新世界中，我们不可能无尽地追随那些瞬息万变的事情，我们需要找到那个"一直不变"的东西，让它指引我们前行。

说到不变，那就要谈到第一性原理（first principle）。这一原理最早是由古希腊哲学家亚里士多德提出的，他认为在任何系统中都会存在第一性原理，它是事物最基本的命题，不能被省略或丢弃。我们可以理解为，任何事物都有它最为根本的存在原因。

无独有偶，马斯克在他的一次访谈中也提到了类似的看法："不要只是随波逐流，在我看来从第一性原理的方法来思考是件好事。也就是说，你不是通过类比推理，而是把事情归结为你能想象到的最基本的真理，然后再从那里开始推理。"他认为很多时候，我们习惯于效仿别人的做事方法，但你会发现，这种方式并不会让事物的迭代发生根本性的转变。如果我们需要彻底地迭代事物，就必须打破原有框架，回归到事物存在的第一性，并重新定义事物新的"结构"与"外貌"。

那么商业的第一性原理应该是什么呢？

马克思的《资本论》中提出了商品价值的概念："一个商品既有使用价值，又有交换价值。"使用价值是商品在被使用时获得的收益，而交换价值是商品价值外在的独立表现，可见商品的交换均是围绕着价值展开的。

哈佛商学院教授迈克尔·波特在《竞争优势》一书中指出，竞争优势归根结底产生于企业能为顾客创造的价值。田纳西大学市场营销学教授罗伯特·B.伍德拉夫（Robert B. Woodruff）也指出："顾客价值[1]是下一个竞争优势来源。"因

---

1 Woodruff, RB（1997）. 客户价值：竞争优势的下一个来源. 营销科学学院学报，25，139-153. http://dx.doi.org/10.1007/BF02894350。

此不难发现，"价值"的交换过程就是商业的本质。而企业存在的意义，就是能够持续为客户输出价值的能力。

显然，商业的第一性原则是供求端的"价值交换"。而今，生产力与科技的提升导致供给过剩，我们可能会长期处于一个供大于求的市场环境之中。商业的中心已经从供给端向需求端倾斜，所以"以客户为中心"的观点正逐渐成为企业经营的核心理念，消费者的可感知价值也变得越来越重要。随着技术的发展，可感知价值将变得更加立体。而可感知价值也随着商业的推进，开始从单维价值向多维价值进行升级。

什么是竞争取胜的关键？

在谈论商业策略时，我们总喜欢听以弱胜强的案例，但真的是这样吗？

2021 年，在《财富》杂志发布的美国 500 强企业排行榜中，苹果公司以营收 2745 亿美元，利润高达 574 亿美元位列其中，利润占据榜首。人们啧啧称赞的同时也不免会问："为什么强者恒强，弱者恒弱？"它背后隐藏的正是一个商业社会中的精英思维定律——"幂律分布"。

大者大得吓人，小者微不足道，两者很极端，中间的平均值失去了意义，就是"幂定律分布"。正如美国科学史研究者罗伯特·莫顿总结的一样：任何个体、群体或地区，在某一个方面（如金钱、名誉、地位等）获得成功和进步，就会产生一种积累优势，从而也会在接下来的规程中获得更多的机会、取得更大的进步和成功。

无独有偶，《新约·马太福音》中谈道："凡是少的，就连他所有的，也要夺过来。凡是多的，还要给他，叫他多多益善。"这就是著名的马太效应，表达的就是一种强者越强、弱者越弱的现象。

同样，《孙子兵法》说战斗的关键是"十则围之，五则攻之，倍则分之，敌则能战之，少则能逃之，不若则能避之"。意思是十倍兵力才能打，五倍兵力时要拓展自身的优势，如果敌军兵力众多就需要分散他们的兵力，再思考围剿的战术。其实它的核心观点是，在战斗中必须具备完全压倒性的优势才可以战斗。《孙子兵法》强调了战争中以智取胜的重要性。通过诸如充分了解敌我双方的情况、选取有利的战场、利用心理战术等方式，尽可能在战争中形成一个以强胜弱的战局。所以，我们看到以弱胜强的案例，多是弱小一方集中兵力，在某一小的区域内达成"以强胜弱"的结果。

因此，竞争中取胜的大概率事件并非"以弱胜强"，而是"以强胜弱"。

我们可以得出什么样的启示？

如果商业的本质是"价值交换"，而"以强胜弱"是竞争取胜的大概率事件，那么我们是否可以得出一个初步的推断，商业竞争中能够取胜的方式，就是在价值中达成"以强胜弱"的状态。然而，商业中"价值"的强弱关系如何实现呢？

此外，如今的商业中已经不再是只要产品好就可以成功，或者只要品牌强势，产品好不好无所谓的时代了。"价值"似乎已经不是一个单维的问题，而是一个多维度的系统问题。就像我们之前提到的咖啡的例子，消费者不只是单纯地买了一杯咖啡，他们更多地是获得了品牌带来的社交认同、优越的环境、服务、体验等诸多价值的集合。

所以，与其说未来的品牌售卖的是产品，不如说售卖的是以产品为载体的价值系统。品牌的竞争将从单纯的心智竞争，逐步转向价值系统之间的竞争关系。我们可以大胆地预测：未来的世界，商业更趋向于追求单位价值最优的解决方案。

那么，价值系统是由哪些维度构成呢？每个价值维度中是否也存在强弱关系（与竞争对手相比），它们又是如何影响品牌在价值角逐中的结果呢？这些都是值得我们深入思考的。

既然这是维度的问题，就让我们一起回归到多维的新世界中寻找答案吧。

02 第2章
多维俯瞰世界，错维重构竞争

爱因斯坦曾说："所有困难的问题，答案往往是在另一个层次。"我们可以理解为，事物的解决方案往往是在现有维度之外的维度之中。假设在三维世界之中，在我们面前有一堵无限长无限高的围墙，我们将如何在不借助外力的前提下，到达墙的另一面呢？答案是增加时间的变量，去到四维空间，回到这个围墙还没有建造之前，轻松地走过围墙的位置。

由此看来，一维世界的答案可能会在二维世界之中，二维世界的答案或许在三维世界之中，三维世界的答案可能在四维世界之中，而 N 维世界的答案会在 N+1 维世界之中。

2.1 维度与错维起源

维度

维度是描述物体在空间中存在形态和方向的方式，它指的是可以独立测量的方向数。在物理学中，常见的维度有长度、宽度和高度，分别对应一维、二维和三维空间。每增加一个维度，就增加了一个可以独立变化且互不干扰的方向。在更广泛的概念中，维度可以扩展到抽象概念，如时间作为第四维度，或在理论物理学中提出的更高维度，用以解释复杂的物理现象或理论。

从哲学的视角来看，维度是人们在观察、思考和表述某事物时所采用的思维角度。以月亮为例，人们可以从内容、时间、空间三个思维角度来描述月亮；或者从载体、能量、信息三个思维角度来描述月亮。这种对事物的观察和思考方式揭示了事物在不同维度上的复杂性，有助于我们更全面地理解和探索现实世界。

现实中，我们可以将事物的每一个变量都称为一个维度，那么可以理解为我们生活在一个由 N 个维度（N 趋向于无穷大）所交织而组成的多维世界。维度可以融合，也可以被拆分。空间可以看成一个维度，也可以因为场景不同而拆分成若干个细小的维度。人可以看成一个维度，也可以加上男、女、老、少等不同的变量，演变出无数多个不同维度的人群。

多维的世界无疑是缤纷绚烂的，每当我们可以感知提升或增加一个维度，风景就会更加美妙。如果一维是一条线，那么二维就是一个面，我们可以在上面画出比一维精美的图画，但再美的平面图也比不上三维立体的物体。这么来看，四维一定是比现实美无穷多倍的地方。

苏轼的《题西林壁》写道："横看成岭侧成峰，远近高低各不同。不识庐山真面目，只缘身在此山中。"当我们身处不同的维度看同一件事物时，所获得的感受与体验也会大不相同。为什么看不到庐山的真面目呢？因为作者正被群山环绕，所处的高度也比山顶低很多。这里不禁为苏轼感叹，此时你与我们的差距可能就是一架航拍无人机了。

然而商业亦是如此，为什么我们总是习惯用少得可怜的维度看到自己的企业、品牌或产品呢？为什么我们不可以用更多维度去俯瞰行业、竞争对手与我们自身呢？对了，只因我们身在"此山"中。

"错"或许是改变的开始

"沉舟侧畔千帆过，病树前头万木春。"不是所有的"错"，都会成为我们的绊脚石。有时"犯错"还可能引领我们走上意想不到的道路。

如果问世界最受欢迎的饮料是什么，当数可口可乐。然而，鲜少有人知道可口可乐的由来竟是从一个小小的错误开始的。

药剂师约翰·彭伯顿[1]，在美国亚特兰大开了间小药房。一天，他的小药房里挤满了客人，争着吵着要购买前一天喝的那种治头痛的药水。彭伯顿以为是自己亲自调配的药水起了疗效，才引来如此多的"回头客"，于是，他开始为大家调配，可是当他递给客人第一杯的时候，客人尝了一口立即说："不对，不对，我要喝昨天那种，是深色的，不是白色的，有气泡的那种！"

1　约翰·彭伯顿一般指约翰·斯蒂斯·彭伯顿，美国药剂师，可口可乐配方的发明者。

彭伯顿摸不着头脑地回答："可是我们的头痛药水就是这种啊！"

"不对，昨天不是你调的……"

"我是老板也是药剂师，不会错的……"

客人们不欢而散。事后，彭伯顿调查后才知晓，原来前一天是因为客人催得紧，店员一不小心调错了配方，把原本的冷水冲调误变成了苏打水冲调，所以就有了客人口中的"颜色深、带气泡"的特点。未承想，客人们饮用后不但没有责怨，而且非常喜欢，直呼爽口、过瘾，也就出现了后来大量客人蜂拥而至的场景。

彭伯顿看准商机，又照着店员调错的配方重新调了一杯加了苏打水的饮品。亲自品尝一下，果不其然，口感清爽，直击内心，让人喝了就停不下来，想要快速一饮而尽。就这样，1886 年 5 月 8 日，彭伯顿卖出了用错误配方调制的第一瓶饮料。后因新饮料大卖，合伙人兼会计师弗兰克·罗宾逊帮忙为其取名为 "Coca-Cola"（可口可乐）。

然而除了商业之外，在生物世界中，每天都会有新物种的诞生，它们的出现或许不是因为一个错误，却离不开基因维度上的突变。在生物学中，基因突变就像是生物的"意外惊喜"。它能让生物逐步演化，甚至产生全新的物种。简单来说，基因突变就是生物体内 DNA 发生的永久性改变，可能是 DNA 中某个"维度"被替换、增加或减少了。这种变化可能是自然环境（比如阳光、化学物质等）造成的，也可能是生物本身在复制过程中出了个小差错。这些差错，有时则可能带来困扰，有时它们可能会给生物带来全新的突破。但正是这些差错，让生物物种的世界变得更加奇幻多彩。

在自然界中，维度的改变也会带来能量的变化（如图 2-1 所示）。势能是物体由于其位置或状态而具有的能量。通常，势能与物体的高度、重力及其他外部力的作用有关。它反映了物体在外部力场中所具有的潜在能量，当物体的位置或状态发生改变时，势能会转化为其他形式的能量，如动能。你会发现，当地壳剧烈运动时，常常会将原本平行的地面，分割成两块高低错落的新平面。由于两个平面存在势能差别，自然会使水流从高（势能）的平面流向低（势能）的平面。当两个平面的势能差别足够大的时候，甚至会形成气势磅礴的瀑布，巨大重力势能顷刻间转化为动能，使得水流不断加速。

图2-1 自然界的势能[1]

无独有偶，在空间的维度中，时空扭曲同样也会产生极大动能。长久以来，光速一直是人类无法企及的速度。超光速的星际旅行也仅仅是电影里的桥段，那么现实中我们能实现超光速吗？曲速驱动学家阿尔库贝利在1994年第一次在现实中提出了曲率飞船的概念。曲率飞船是一种能够扭曲时空的航天器（如图2-2所示），使其在本地时空内产生一个类似于泡泡的结构。这个泡泡能够帮助航天器在很短的时间里跨越巨大的距离。其原理是在航天器前方压缩时空，而在航天器后方扩张时空，从而达到光速移动的目的。

1　AI生成图。

图2-2　曲率飞船[1]

当时空发生扭曲时，实际上也可以看作储量的过程，特别是潜在的引力势能。当物体在弯曲的时空中移动时，这些储存的潜在引力势能可以转化为物体的动能。这就是物体受引力作用时加速的原因。

由此可见，不管在哪个领域，维度的变化与交错，都会对原有事物造成巨大的变化，甚至由于势能的变化，而产生巨大动能。那么在商业之中，我们是否能借助这种维度的变化，创新出新的事物，或运用维度的变化，构建强势的竞争关系呢？这是一个值得思考的问题。

2.2　维度变化与商业竞争的关系

想要了解在同一事物中，什么可以带来势能的强弱关系，就要从一场经

1　AI生成图。

典的赛马故事讲起（如图 2-3 所示）。

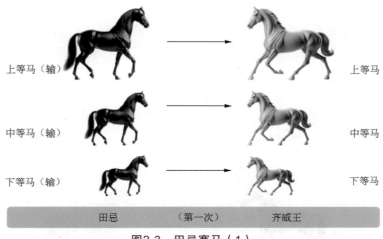

图2-3　田忌赛马（1）

在齐国有一位名叫田忌的大将，他和齐威王经常会举行激烈的赛马比赛。他们会将赛马按照能力强弱，分为上、中、下三组，进行较量，取得两轮以上的胜利者成为最后的赢家。每次比赛两人都会豪赌一番，可是，田忌总是不幸输给了齐威王。

那天，田忌又在一场赛马中落败。归途中，心情沉重的田忌将失败的苦闷向他的军师孙膑倾诉。孙膑说："将军，其实您的马与大王的马相差无几。问题在于您每次总是用同样的策略，不断按照马的等级与大王比赛。这样，您永远无法战胜他。"田忌疑惑地问道："那我该怎么办呢？"孙膑回答："下次比赛，您只需按照我的建议来安排马匹，您一定会获胜。到时候您可以加大赌注。"

听了孙膑的建议，田忌信心满满地与齐威王约定再次赛马。齐威王瞧不起地说："田将军又想送我银子了，再比，将军也是输。"终于，激动人心的赛马日来临。双方的骑士和马匹齐聚赛场。齐威王与田忌在看台上兴致勃勃地观赏比赛。聪明的孙膑也坐在田忌身边，看着自己的计谋逐步展开。

第一轮，田忌按照孙膑的建议派出了自己的下等马与齐威王的上等马竞技，结果如预料之中，输了。得意洋洋的齐威王不禁大笑起来。第二轮，田忌派出自己的上等马对阵齐威王的中等马。果不其然，田忌赢了。最后一轮，田忌的中等马击败了齐威王的下等马。经过三轮角逐，田忌终于获得了两轮的胜利，赢得了比赛（如图2-4所示）。

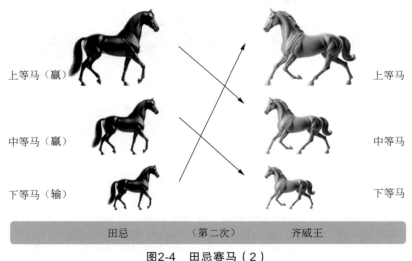

上等马（赢）   上等马

中等马（赢）   中等马

下等马（输）   下等马

田忌   （第二次）   齐威王

图2-4　田忌赛马（2）

由于田忌提前下了巨额赌注，他不仅把之前输掉的银子全部赢回来，还赚取了一些盈余。这场胜利让田忌体会到了用战略战胜对手的喜悦，更让他对孙膑的智慧肃然起敬。

不难发现，早期田忌与齐威王的赛马机制是同维竞争，我们总是希望通过同级别马的正面对抗取胜，而忽略了比赛的核心是马的主人，设定赛马的出场顺序格外重要。田忌取胜的关键，并非提升了赛马的实力，而是清晰地认识到等级不同赛马之间的强弱关系（级差），以强胜弱，胜负当然是不言而喻的。不同等级的赛马就好比同一事物的不同能力阶梯，不同等级赛马（维度）的差异带来了势能的强弱。如果将原本同维的游戏规则打破，重新以"错维"的方式迎战，最终导致了比赛结果的反转。

马匹之间由于级别不同，天然就具备了强弱的差异，我们可以将事物存在的级别差异而形成的势能差简称为级差。在不同事物中，级差的概念在人们的心中是普遍存在的，就如同阶梯一样。例如学历会有幼儿园、小学、初中、高中、大学专科、大学本科等；汽车分为 A00 级、A0 级、A 级、B 级、C 级、D 级；女子自由式摔跤的等级可以划分为：50 公斤以下级、53 公斤级、57 公斤级、62 公斤级、68 公斤级等。深刻了解事物的级差，对于未来的商业竞争也会带来深远的意义。

2023 年 3 月，国内车圈被人们津津乐道的热点应该少不了雪铁龙 C6 的降价事件。众所周知，C6 属于雪铁龙的 B 级旗舰车型，官方指导价为 21.68 万～ 27.59 万元，主要的竞争对手是帕萨特、凯美瑞等车型，虽然车身尺寸比同级别的 B 级车要略大些，但远远弥补不了在品牌影响力与销量维度方面较其他品牌的劣势。然而降价 9 万元后的雪铁龙 C6，处于 12 万元价格区间，竞争对手一下从 B 级车换成了 A 级车，竞争优势瞬间被凸显出来。网友纷纷表示，"20 万元的 C6 满是缺点，但是 12 万元的 C6 浑身都是优点"！并在各大视频中上纷纷为雪铁龙摇旗呐喊。

在这里，我们并不想去评论降价事件对于行业或品牌的影响。只是希望借此让大家感受，由于价格改变之后，让 C6 摆脱了原有拉锯的同维竞争，切换到更弱级别的竞争对手时，消费者发生的巨大变化。

代差产生压倒性的势能差

除了级差之外，还有什么相同维度的差别可以带来强弱势能的关系呢？是代差，指由于事物通过升级换代而带来的势能差。例如在军事中被广泛提及的"第四代战斗机与第五代战斗机"，代与代之间的差别均是革命性的。在各项演示中显示，第五代战斗机对于第四代战斗机那是完全"碾压"的状态。

那么第五代战斗机为何能轻松击溃第四代战斗机呢？第五代战斗机的优势主要体现在超隐身性、超态势感知、超机动性等。具备了这些属性，让第四代战斗机在面对第五代战斗机时只能是看不见、打不着、跑不掉。第五代战斗机在雷达中的截面积只有 0.1 平方米，相当于一只麻雀的大小，在第四代战斗机的雷达中根本无法检测到，而第四代战斗机的雷达截面至少有 15 平方米。

第五代战斗机拥有超态势的感知能力，在面对 100 公里之外的第四代战斗机，就可以轻松锁定目标并发射空空导弹，也就是说第四代战斗机可能会在毫无察觉的情况下被第五代战斗机击落。此外，第五代战斗机在速度方面也是指数级地增长，第四代战斗机仅能在 1.5 马赫的速度下巡航几分钟，而第五代战斗机则能飞行长达 30 分钟以上。当然这样的差距还有很多，希望大家可以通过这个事物，体会代差所带来的完全碾压的态势。

不仅军事上如此，同类商品之中同样也存在代差关系。2007 年 1 月 9 日，乔布斯[1] 在旧金山带着初代 iPhone 手机走上演讲台，传统手机的时代就此终

1　史蒂夫·乔布斯（Steve Jobs，1955年2月24日—2011年10月5日），美国发明家、企业家，苹果公司联合创始人，曾任苹果公司首席执行官。

结。人们很难想象这个只有一个按键的 3.5 英寸触摸屏手机会给我们的生活带来多大的变化。这样一款与那个时代格格不入的手机，虽然并不算完美，却整整领先整个行业的竞争对手 5 年时间。从那一刻起，人们开始把移动互联网随时装在口袋之中。

在这一小节中，希望大家对于极差和代差的概念有一个深刻的理解，在后续章节中，这些概念也会被广泛地应用在本书的内容中。需要进一步说明的是，事物的极差与代差，需要存在真实的势能差异，或早已存在消费者心智之中的事物，绝非企业对自己不客观的评价。

多维与单维，也存在巨大的势能差——维差

除了同维度上存在势能差之外，多维与单维之间也存在明显的势能差。在刘慈欣[1] 所著的《三体》一书中，人类雄伟壮阔的太空舰队面对三体人派来的小水滴，几乎不堪一击，根本不是敌方的对手，最终在战争中被摧毁殆尽。而另一艘星舰"蓝色空间"号在逃亡时发现了宇宙里的四维碎片，进入四维空间后，不费吹灰之力就击败了小水滴。

"降维打击"也是书中的神来之笔。在宇宙的文明世界中，降低维度不失为打败敌人的一种有力武器。多维文明能够轻而易举地毁灭太阳系，太阳系被二向箔从三维立体纸盒打回到一张平面纸，降维打击的方式直接导致了太阳系的覆灭。或许这种场景很难实现，但这让我们看到了多维生物和单维（或少维）生物的强弱之别。

1　刘慈欣，高级工程师，科幻作家。2015 年 8 月 23 日，凭借《三体》获第 73 届世界科幻大会颁发的雨果奖最佳长篇小说奖，为亚洲首次获奖。

我们可以将这种多维对单维（或少维）的压倒性优势，称为维度势能差（简称维差）。单维（或少维）生物对于多维生物的能量存在很大的限制，就如同蚂蚁与人类之间的区别。蚂蚁好比生活在一个二维的世界里，它们只能感知到水平和垂直方向的变化。当蚂蚁遇到一个障碍物时，它们只能沿着表面一直爬行，无法直接穿越或跃过。因此，蚂蚁很难理解人类生活在一个三维世界里，能够在水平、垂直以及纵深方向自由移动的概念。

与此相反，人类作为多维生物，可以很容易地理解和掌控低维生物所面临的情境。比如，当我们看到一个平面的迷宫时，能够一眼就找到通往出口的路径。然而，对于生活在二维世界的蚂蚁来说，它们只能通过摸索和尝试去寻找出口，很难像人类一样迅速地找到正确的路线。这就是高维生物相对于低维生物的绝对优势所在。

那么，我们是否能将维度改变带来的势能的差别运用在商业上或者人生中呢？

2.3　错维与错维竞争的定义

显然，维度的交错正在不同程度地影响着各个领域的发展。因此，当品牌受困于行业同维竞争的时候，我们需要从有限的维度之中抽离出来，用现有维度之外的更高或更多维度去解决当前维度的问题。我们可以将这种方式称为"错维"。

这里，我们需要明确错维和错维竞争的定义：错维，一切非同维皆是错维。

同维是指特定环境中拥有相同的变量，且每个变量的强弱均相近或相同的事物。就如同进入一个美食广场，我们很容易发现所有的门店的维度（抛开售卖的商品不同）几乎都是相同的，相同的门店大小，相同的人员配置，相近的价格区间等。而错维就是要跳出原有同维竞争的态势，重构新的竞争格局。而错维竞争正是错维世界中的一种独特的竞争方式。

那么什么是错维竞争呢？即在特定环境中，与对手错开维度较量，从而形成不对称竞争态势的战略系统。

在特定环境中，因为事物的强弱是一个相对的概念，是由两个（或多个）事物对比而产生的结果，它不仅需要有参考系，还需要考虑所处环境。比如，在一线城市尽人皆知的品牌，放在四五线城市其知名度可能比不过一些本土品牌。再如，你准备买车时，会考虑商务用途或家庭用途。用途不同就会导致各个维度重要程度发生变化。商务用途会着重考虑品牌，而家庭用途，经济型与乘坐舒适度则会变得更加重要。

此外，外部环境一直在变动之中，因此在衡量与竞争对手的强弱关系时，一定需要在特定环境中思考，绝不能以偏概全。

不对称竞争态势

维度的变化将带来强大的势能差距，这些差距最终导致了压倒性的绝对优势，即不对称竞争态势的形成。我们可以将这种由错维而形成的不对称竞争态势称为错维态势。仔细研究后，我们会发现错维不仅仅带来事物之间强弱关系的改变，就连事物的形态也会发生天翻地覆的变化。

我们可以将错维态势拆分来看，即错维"态"与错维"势"。

错维"态"是事物错维后外部形态的全新蜕变，是一种全新的创意方式，我们可以将其定义为错维创意。

错维"势"则是事物与对手的维度差异所产生的压倒性的势能，我们可以将其定义为错维势能。因此，错维竞争的两大核心组成要素也变得清晰可见。

错维竞争 = 错维创意 × 错维势能

1. 错维创意

错维创意指的是在维度发生改变后，事物的形态会发生千奇百怪的变化。在商业竞争中，我们需要有效地运用好这一种独特的创意方式，帮助我们的品牌更多地、更有效地、更低成本地获得消费者。我们会在第 4 章更加详细解读错维创意的奇妙之处，以及为什么简单地改变就可以让消费者趋之若鹜！

2. 错维势能

错维势能则是通过与竞争对手构建维度差异，从而形成新的强弱关系。在商业竞争中，企业通过在某个或多个维度上寻找比自己弱的竞争者，或针对处于同维度的竞争者，通过维度优化而构建绝对竞争优势的过程。这些优化可以运用高维（或多维）的势能差，在单一维度（或多个维度）对竞争者构成绝对优势。我们将在第 5 章中对于错维势能进行详细的拆解。

由于各种资料中对于高维的解释均有所不同，因此本书中我们需要给高维（多维）赋予明确的定义。高维特指同一事物（维度）中的更高级别，就是本章中提到的级差或代差的概念。多维特指融入更多的变量，就是本章中提到的维度差。如商业中的变量从单一的产品维度，增加到价格、品牌等变量的竞争，可以理解为三维生物比一维的更具势能优势。

2.4 错维竞争在商业中的意义

跳出同维的消耗战

错维竞争的目的是通过维度的高低（或多少）形成势能的差别，把同维的消耗战变成一种闪电战的方式。因为消耗战对企业是一种温水煮青蛙的状态，很容易在没有击溃敌人之前就弹尽粮绝；或在消耗战的过程中，将原本的优势逐步消耗殆尽。

《三国演义》的故事中，我们会发现蜀国从来不缺人才，谋有料事如神的诸葛孔明，武有"一夫当关，万夫莫开"的五虎猛将，但为什么最终却以失败而告终呢？输的核心是忽略了对于兵力强弱的思考，而把人才个人的超凡能力放在了核心位置，这是一个非常危险的思维方式。《孙子兵法》中所提到的"求之于势，不责于人"也是相同的逻辑。

毛主席曾这样评价三国中蜀国的失败："其始误于隆中对，千里之遥而二分兵力。其终则关羽、刘备、诸葛亮三分兵力，安得不败。"意思是蜀国本来就兵力有限，但在《隆中对》后，又将所有的兵力分散，这也是蜀国开始失败的起点。在错维竞争的理论中，我们并不推荐直接肉搏的消耗战。最佳的战争态势，应该是在有限环境中具备压倒性优势的闪击战。

在未来的商业竞争中，并不是隐藏得够深就可以规避竞争，因为信息传输和物流方式的变革，让局部战场也慢慢浮出水面。所以，即使你所在的区域足够隐蔽，并且已经成为这个区域的王者，你依然需要筹谋，在强大的竞争对手来临之时将如何与之博弈。

打破同维竞争的内卷，创造更广阔的市场空间

随着市场竞争的加剧，同维竞争已经开始饱和，很多企业在竞争中陷入僵局。在这种情况下，单纯依靠品类差异化策略已难以构建品牌优势。企业间争相采取相似的竞争策略，这无形中限制了行业的发展空间，无论是功能战或价格战，都可能导致市场进入一种加速内卷的状态。

错维竞争通过从更多的维度出发，寻找独特的竞争空间，推动企业突破同维竞争的限制。例如，一个企业不再只关注产品与价格的竞争，而是通过提供独特的体验或者增强品牌价值来寻求竞争优势。这样，即便在同一市场环境下，也能找到不同的竞争路径。

由于不再受限于传统行业的"标准"，错维竞争鼓励企业从不同的角度审视市场，促使企业更多地尝试新的维度，或跨越行业的限制转战到其他市场或行业。这种多维度的思考模式能够激发企业的创新潜能，推动行业的多样化发展。

让竞争回归以强胜弱的大概率事件

创业就像是过独木桥，结果都是九死一生。哈佛商学院有个调查，结果让

人大跌眼镜，创业公司的失败率简直高得不可思议。他们研究了2004—2010年获得风投超过100万美元的2000家企业，结果竟然有75%的公司没能成功！这可不是一般的公司，它们都是创新型企业的翘楚，拥有一流的团队，经过了资本市场的严苛筛选。可想而知，最终的结果并不尽如人意。

在创业初期，大部分的创业者大多无法看清自己所处的行业，甚至无法用正确的视角看到与竞争对手之间的强弱关系。"闷开"成了大多数创业者的必备技能，反正不管项目怎么样，先做了再说，但最终的结果可想而知。然而，我们发现任何品牌的成功都是有迹可循的，我们正试图让大家能够清晰地理解商业竞争中的"潜规则"。

而错维竞争的初衷就是希望能够帮助更多创业者，看清在商业成长中的轨迹，以便指导其在创业的过程中应该如何行动。让商业的经营能够回归理性，并且让更多人能够意识到，回归大概率事件（以强胜弱）的重要意义。

2.5　错位竞争与错维竞争的区别

在西方传统战略管理与竞争学派中，错位竞争都是不能被绕开的话题。与众不同在很长一段时间里变成了企业与品牌的必备品。所有企业的第一视角也被引导到与行业巨头的差异化或创造新品类的方向，然而大部分人都"死"在了黎明到来前的"黑夜"里。那么为什么错位并没有帮助品牌很好地找到适合的位置呢？因此，我们需要更加清晰地了解错位竞争，以及它与错维竞争的区别。

要想深入探寻错位与错维竞争的差异，我们需要从错位竞争的定义开始。错位竞争[1]的定义是企业避开竞争对手的市场优势，以己之长击彼之短而确立相对优势竞争地位的一种竞争策略。下面我们将从四个方面对比错位竞争与错维竞争的差异（如图 2-5 所示）。

类别	错位竞争	错维竞争
优势来源	同类中的差异化	维度差异的强弱关系
优势强弱	相对优势	绝对优势
竞争对手	对标强势竞争对手	找到弱势竞争对手
竞争空间	平面	立体
策略/战略	策略	战略

图2-5　错位竞争与错维竞争的差异

错位竞争与错维竞争的差异

1. 竞争优势来源

• 错位竞争

错位竞争的竞争优势在于避开竞争对手的市场优势，以己之长击彼之短。

在错位竞争中，我们往往对标的是比自己更强势的领导品牌，然而这无形中将自己拉入与强大竞争对手同维竞争的陷阱中。我们很有可能在多个维度

---

[1]　错位竞争的定义出自百度百科。

中均处于劣势的状态，成功机会非常渺茫。

常会有人用拳击比赛来诠释这样的概念，好比我们要跟国际拳王打一场拳击比赛，那我们很难取得胜利，但如果我们把比赛的性质换成 PK 我们擅长的中国象棋，那我们就可以轻松取胜了。

这样的说法初听起来，会让人热血沸腾，但仔细思考会发现诸多漏洞。首先我们比赛的前提是一场拳击比赛，所有观众的焦点是拳击比赛的输赢结果。而我们却把这样的一个概念替换成要用另外的比赛与对方 PK。从我们个人角度而言，这样的转变犹如看了一部爽剧畅快淋漓。但是深入思考，对于观众来说，他们并不认可这样的游戏规则，因为他们要看的是一场拳击比赛。

所以竞争发生的场景很重要，如果你组织了一场中国象棋比赛，邀请拳击冠军来体验，或是在拳击赛场上，与一个象棋高手打拳击。可能会有更大的胜率，但前提是确定好比赛的性质，并选择比自己弱的对手。而拳击与象棋本身属于两个维度，并非在同一平面上的错位就能解决问题，这仅仅是偷换了概念而已。

● 错维竞争

错维竞争的竞争优势来源于维度差异而带来的强弱关系。

错维竞争的优势在于利用维度差异来突显企业在特定领域的优势。这种战略要求企业在竞争中关注多个维度，而非仅在一个维度与竞争对手对抗。维度差异导致不同竞争者在不同维度上的强弱有别，企业通过发掘或提升自己的优势维度，并在这些维度上击败弱势竞争者，从而提高自身在市场中的竞争地位。

以一家餐厅为例，假设其竞争对手的餐厅在品牌、价格和产品方面都有一定优势，即构成了一个典型的三维商业模型。如果我们的餐厅想要在这个竞争激烈的市场中脱颖而出，可以在品牌、价格、产品与对手持平的基础上，增加服务这一新的维度。通过对服务维度的创新，我们的餐厅从一个三维价值系统升级为四维价值系统，从而在竞争中脱颖而出。

2. 竞争优势的强弱

● 错位竞争

错位竞争主要是建立在相对优势的基础上进行的竞争。相对优势是指一个品牌在某一方面相对于竞争对手的微弱优势，而这种优势往往难以引起消费者的明显感知。当两个品牌的差距非常小，消费者很可能觉得它们之间没有什么显著差异。

在这种微弱优势的情况下，品牌间的竞争很容易陷入同维度的消耗战，导致资源的浪费。同时，这种优势很可能会被强大的竞争对手在其他维度上轻易击败。因此，在错位竞争中，我们需要将优势扩大到一定程度，才能让消费者真正感知到差异，从而在市场竞争中脱颖而出。

● 错维竞争

与错位竞争相反，错维竞争关注的是维度的差异而带来的压倒性的绝对优势。通过开拓新的竞争维度，品牌可以避免陷入同维度的消耗战，并在多个方面建立独特优势。错维竞争需要完全脱离同维的差异竞争状态。摒弃温和的相对优势，运用维度间的势能差别（级差、代差、维差等）在更多维度和更高维度构建优势，最终达成以强胜弱的目的。

3. 竞争对手的选择

• 错位竞争

在错位竞争中，品牌会对标行业的领导者，通过分析领导品牌的优点和不足，力求在某些方面形成与领导品牌的差异化。这样的策略可以帮助企业在竞争的市场中脱颖而出，吸引特定的消费者群体。然而这种方式，往往由于领导品牌的势能太过强大，差异化优势并不明显。

• 错维竞争

错维竞争则要求品牌从多个维度去观察市场，深入分析各种竞争对手的优势和劣势，找到那些在某些方面弱于自己的竞争对手。或通过与同维竞争对手的错维，达成以强胜弱的结果。运用这种方式，企业需要以一种更加全面的视角来看待市场，并更加灵活地调整自己的战略方向。

4. 竞争空间

• 错位竞争

错位竞争更多的是平面性的思维。把所有的可能性压缩在一个平面上的位置差异，希望通过同平面中的位移获得竞争优势是件艰难的事情（如图 2-6 所示）。然而一个行业不只是有差异化这一面，它更像是由无数个平面叠加形成的立体世界。

同一物种的演化也是一个立体和多元的过程，我们很难想象只存在一个水层，只有一种鱼的海洋是什么样子。现实中，不同的水层孕育着不同形态的生物，即使是在人类已知的海洋最深处马里亚纳海沟，也发现了生物的存在。如果我们的思维只限于一个平面，那我们就会掉入渴望以弱胜强的思维陷阱之中，或是进入一种长期消耗战中，这应该不是大家希望看到的结果。

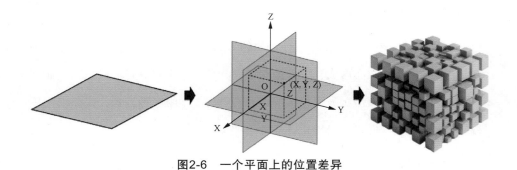

图2-6　一个平面上的位置差异

● **错维竞争**

错维竞争则是跳出现在品类（维度）看到竞争。

除了横向的品类差异之外，错维竞争融入了纵向的强弱关系，以及跨维度之间的形态变化等。错维竞争突破了平面（同维竞争）的限制，能够从360°全方位视角审视全域的竞争对手。错维竞争的竞争范围更广泛，不再局限于行业、品类。此外错维竞争以多维度的立体视角来寻找竞争优势，突破同类边界和同维竞争对手的局限，从更多和更高维度进行竞争。

总之，错维竞争可以被理解为一种竞争战略，它更多地关注于寻求与竞争对手相比具有明显优势的全新竞争维度。通过在不同的维度上进行竞争，企业可以突破同类竞争对手的局限，实现市场上的领先地位。这种战略往往需要企业在多个方面进行创新和突破，以形成竞争优势。

而错位竞争则可以被理解为一种竞争策略，它更注重在现有市场和竞争环境中，找到并确立自身相对优势的竞争地位。这通常通过调整品类中的差异化定位来实现。在错位竞争中，企业在同一维度或领域内寻找并突显差异化特点。

错位竞争更像是错维竞争在二维平面上的投影。通过将错维竞争与错位竞争结合起来，品牌能够在更广泛的市场环境中实现竞争优势。在错维竞争的框架下，企业可以跳出传统维度的限制，发掘新的竞争空间；而错位竞争则可以在现有的竞争环境中，帮助企业找到独特的、差异化的位置。这两种方法相辅相成，能够共同帮助企业在竞争激烈的市场环境中获得竞争优势。

其实，在创业的路上你会发现，很多创业者的失败往往是渴望以小博大的结果。很多时候，我们太过于希望以弱胜强，希望用牙签撬动地球，希望一劳永逸，却忽略了真正的大胜，其实是无数小胜累计的结果。由点到线、由线及面一个也不能少。商业的战争不是赌博，不去缜密地思考就下重注，并等待"闷开"的结果，往往都以失败而告终。说白了，以弱胜强的故事是强者为弱者烹调的一碗毒鸡汤，你可以喝，但请不要沉浸其中。

03 第 3 章
错维路径——
重构维度的边界

世界上只有一种界限，那就是思维的界限。维度的奥秘在于你能否跳脱原有维度的枷锁。只有那些能够超越传统思维框架的人，才能在复杂多变的世界中找到新的生存之道，探索出未被发现的价值。

3.1 超维

超维定义：突破原有维度的极限，从而形成新维度的过程。

超维并非简单地在同一个领域内追求更高的水平，而是对现有维度进行拓展和重塑，进入或创造一个新的维度，来实现跨越式的提升和变革。你可以将超维理解为一个事物经过跨时代升级之后，所产生的全新事物。而新事物与旧事物之间存在明显的"代差"关系。

从古至今，世界的进步一直是由无数的超维突破共同铸就而成的。不仅是商业，"超维"在所有的维度都在不停地上演，科技、社会、文化等多个方面的创新与突破，更代表了人类跳出原有认知边界、拓展新的发展空间的一种精神。进入 21 世纪后，一系列的超维事件如科技革命、社会变革和全球化发展等，进一步凸显了超维在推动世界进步中的决定性角色。

在流行音乐领域，流行音乐之王迈克尔·杰克逊[1]的出现，无疑是对传统音乐的一次革命。通过将多种风格如摇滚、爵士、放克等多维音乐元素的全新融合，杰克逊创造了自己独特的曲风，为流行音乐带来了新的可能性。其标志性的"太空步"，打破了传统舞蹈的表达边界，让音乐和舞蹈成为一种无法分割的表达。杰克逊的 MV 也同样充满了前所未有的视觉创意，这些元素共同构建了一个超越了传统音乐、舞蹈和视觉艺术界限的全新艺术形态。他的音乐创作不仅改变了人们对于流行音乐的认知，也深刻地影响了后来的整个流行文化，可谓是对传统音乐的一次跨时代的"超维"。

1　迈克尔·约瑟夫·杰克逊（1958年8月29日—2009年6月25日），美国音乐家、演唱家、舞蹈家、导演、演员、和平主义者、慈善机构创办人，非洲科特迪瓦部落桑维国"萨尼王"。

在建筑设计领域，扎哈·哈迪德[1]通过颠覆性的设计哲学在建筑领域同样实现了"超维"。她打破了传统的设计范畴，用曲线和动态的形态替代了常规的直线和直角，实现了建筑和环境之间无缝的、和谐的融合。看哈迪德的作品，你会有一种时空穿越的错觉，似乎瞬间迈入了未来世界的大门。这种颠覆传统，融合动态美学和空间实用性的设计理念，不只是形式上的创新，更是在建筑艺术的表达和实用功能之间找到了全新的平衡和展现，将建筑本身提升为富有表达力的艺术品。

在科技领域，我们也可以明显地观察到超维的身影。人工智能（AI）的崛起就是一个典型的例子。AI技术不仅在数据处理、机器学习的维度上实现了超越，还在进一步塑造一个新的与机器交流、合作的维度。它超越了传统的人机交互界限，通过自我学习、自主决策为我们带来了一个崭新的科技体验空间。这也预示着我们从碳基文明到硅基文明提升的可能性。

在航天领域，SpaceX[2]完成了在多个维度中的超维与跨越。在技术创新维度中，SpaceX打破了火箭一次性使用的传统模式，通过开发可回收和重复使用的火箭技术，从根本上改变了火箭发射的经济学（如图3-1所示）。这不仅在技术上实现了跃升，也将人类送入太空的成本大幅降低，进而使更多的太空探索和商业活动成为可能。在不翻修的情况下"猎鹰9"火箭可以反复回收再使用10次，单次火箭发射成本控制在6200万美元左右，远低于NASA太空梭的每次15亿美元。

1　扎哈·哈迪德（Zaha Hadid，1950年10月31日—2016年3月31日），世界著名建筑师。建筑界"诺贝尔奖"普利兹克奖首位女性获奖者，英国皇家建筑师协会金奖首位女性获奖者。

2　太空探索技术公司，即美国太空探索技术公司（SpaceX），是一家由PayPal早期投资人马斯克2002年6月建立的美国太空运输公司。

图3-1 SpaceX[1]

FICO，重新定义超市

当然，在商业之中，各个领域的超维也在不断上演。近年来，农业旅游悄然崛起，各行各业都在争相抢占这块蛋糕。在这个大潮之中，由意大利高端美食集市 Eataly 缔造的美食主题公园（FICO Eataly World）就以超维的形式，重新定义了农场的概念。它将餐饮、购物与农场巧妙地融合在一起，为游客带来购菜、种菜、旅游度假、农业科普和亲子农活等丰富多彩的特色服务。成为世界上最大的美食主题公园，被誉为农业界的"迪士尼"。

想象一下，这个年度客流高达 600 万人次的世界最大美食公园（如图 3-2 所示），单体店投资就高达 10 亿美元！占地超 10 万平方米，仅展示区域面积就有 1 万平方米。它摆脱了传统超市购物和餐饮体验的束缚，呈现出一个立体

---

1 SpaceX官网图片。

的、以"吃"为核心的综合性体验区域。其中包括种植养殖区、购物区、农产品加工区、培训教育区、餐饮区和活动区，区域类型丰富多样。

图3-2　FICO（1）[1]

FICO的博物馆式超市和娱乐中心大得让人叹为观止（如图3-3所示）。从L形大厅的入口走到出口，最少得花15分钟。单通道的主路以消费为主，支路则与农场活动区域相连，让游客可以随心调整游览路线。在这里，你会发现FICO的空间设计有两大特点：

1. 它突破了功能与空间的界限，全场贯通无阻。即使超市区的货架也都低矮不挡视线，消费者可以在不同的餐厅和食品区穿梭自如。

2. 整个空间如同一个场景化的剧场，各种场景道具、服务流程都围绕着剧场主题展开，形成一系列与主题相关的游乐装置，让整个游览过程趣味盎然。

1　FICO官网：https://www.fico.it/en。

图3-3　FICO（2）[1]

在 FICO 内，有 500 辆购物三轮车供游客使用，24 米宽的中央过道上还有一条宽敞的自行车道，供游客骑行游览。在这里，游客可以亲身体验从农舍到餐桌的全过程。跟随农学大师，游客可以参与 2000 多种货物的种植与采摘，观看厨师边烹饪边讲解，甚至还能在食品加工厂亲眼见证牛奶如何变成奶酪、葡萄如何酿成美酒。FICO 打破了生产与消费的界限，构建了一个别具一格的美食场景化综合体。

想象一下，漫步在这个美食天堂，尽情享受集市逛街的乐趣，找寻你心中的美味佳肴。在 FICO，你可以自由穿梭在各种餐厅和食品区，品味各地美食。同时，你还能亲身参与农场体验，融入自然的怀抱，感受生活之美。FICO 故意淡化了方向指引性的标牌，鼓励顾客自己去探索。在各个广场节点，还设置了体育娱乐设施供游客休憩（如图 3-4 所示）。

意大利美食主题公园（FICO Eataly World）无疑是一个让人惊艳的农业旅游胜地。它巧妙地融合了餐饮、购物与农场，为游客提供了种种特色服务，让

1　FICO官网：https://www.fico.it/en。

游客能够享受到真正的农业体验。在这个世界最大的美食公园里，你可以尽情探索、品味、体验，留下一段难忘的农业旅游之旅。FICO 已经完全超越超市或餐厅的概念，成为一个让人流连忘返的全新世界。

图3-4　FICO（3）[1]

由此可见，超维颠覆性的提升很容易受到市场的感知，并迅速出圈。所以想要在所处的行业获得极速的成长，超维一定是最快能够打破生态平衡的方式。然而，希望在某个领域达到超维的结果是非常难的，这需要善于打破常规的顶尖人才加入，以及参与者需要拥有持之以恒的探索精神。

在追求超维的过程中，我们需要回归事物的原点，将之前的框架打破，用全新的逻辑和视角进行探索与重构。就比如我们希望用钢筋水泥结构搭建摩天大楼时，原有木制建筑的结构框架就不足以支撑当下的需求，那么就需要探索新架构的可能性。因此，随着时代的不断进步，新的技术与工具不断浮

1　FICO官网：https://www.fico.it/en。

现，每件事物都存在不断超维的可能。

此外，国家之间的竞争力也依托于超维，超维的能力代表了我们对于各个领域主导的能力，决定了行业的话语权。未来，我们期待更多能够引领行业或领域变革的人才出现，通过他们的智慧和努力，推动我们在更多领域实现超维，进而在国际竞争中占据更加有利的位置。

3.2　增维

增维定义：在原有维度（变量）之上，增加新维度（变量）的过程。

正如上一章我们所讲：事物的解决方案，往往是在另一个维度。能够融入更多维度，是我们解决单维困境的绝佳解决方案。在高能物理和理论物理的探索中，日裔美籍物理学家加来道雄通过其著作《超越时空》引领我们进入新概念——"自然规律在高维空间更简单"。这可以理解为，如果我们将观察的"视角"提升到更高的空间维度，自然界的规律看起来会更加简单和易懂。简单来讲，我们生活在一个三维的世界中，所有的事物都有长度、宽度和高度。但加来道雄提示我们，如果我们能"走进"一个四维或更多维度的世界，许多看起来复杂的自然现象就变得易于理解了。

近些年热议的元宇宙概念，其实就是针对现实世界的一次"增维"。它不仅在虚拟世界内构建了全新的空间，突破了地理边界和物理边界，同时也拓宽了社交的纬度，使得不同文化和地域的交流不再受制于物理空间的约束。人们能够在元宇宙开展工作、学习、娱乐等活动，这也赋予了人类崭新的存在方式。

深入研究历史，不难发现，国家的崛起也与增维有着密不可分的关系。荷兰在 17 世纪时期经历了一段被称为"荷兰的黄金时代"的历史阶段，这一时期的崛起，在很大程度上得益于其在商业和贸易层面的创新和拓展，其中增维确实起到了非常关键的作用。不难发现，荷兰通过引入公司制度和股票市场，实际上在经济组织和运作上加入了新的维度。

股票市场的出现，实则是为商业增加资本与时间的维度。传统的商业活动往往关注于短期的交易和利润获取，而股票市场的出现，允许了在更长的时间尺度上对商业活动和投资行为进行考虑和规划。企业可以有更长远的发展目标和投资计划，而投资者也可以期待通过长期的投资获得回报。时间的增维，为经济发展和资本积累提供更加深远和持久的动力。而资本的增维使得企业的经营打破了区域的局限，向更广阔的全球化发展。

近些年，诸多国内外的品牌受益于增维的方式，它们努力跳脱原有行业维度的束缚，将新的维度融合在品牌的经营之中，并取得了优异的成绩。

Gentle Monster 装置艺术

在当今竞争激烈的商业环境中，Gentle Monster（GM）凭借其别具一格的空间美学和沉浸式艺术体验，成功吸引了无数目光。这一颇具创新力的眼镜品牌深谙消费者的需求，并通过超现实装置艺术和不断变换的门店场景，为顾客提供了独特的购物体验（如图 3-5 所示）。

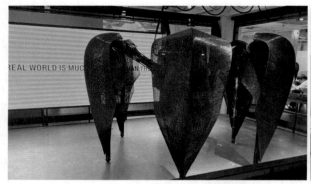

图3-5　Gentle Monster[1]

GM 的创始人金韩国深知消费者内心渴望的并非单纯的产品，而是创意与新鲜感。为了满足这一需求，他果断地将超现实主义和空间美学的元素融入实体门店，从而实现了策展型商店的价值。GM 的每个店面都呈现出独特的空间设计，让消费者在梦幻般的艺术氛围中感受到无与伦比的创新实验。它成功定义了新的消费理念，让消费者从单纯消费产品转换到消费产品背后的空间艺术。

在短短几年间，GM 便成了明星、时尚人士的热捧品牌，打造了一种全新的零售体验。这一成功案例充分证明了，只有深刻理解消费者的需求，敢于突破传统思维，将艺术与商业完美结合，才能在激烈的市场竞争中脱颖而出。GM 用其独特的品牌理念和空间美学诠释了创意的力量，为行业树立了成功的典范。

GM 这场对于传统眼镜行业的一场增维升级，让我们重新看到了传统行业升级的可能。

不难发现，增维同样能够让企业在同行业之中脱颖而出。然而想要达成

1　照片。

增维的结果并没有想象的那么简单。实现增维的前提是拥有敏锐的洞察力和跨界的思维能力。在商业竞争中，通过增维的方式可以使品牌发现和把握住对手未能察觉（或未被充分利用）的机会。要实现增维，就需要创业者能够站在一个更加宏观和多元的角度，觉察到事物发展的各种可能性，然后通过创新的方法，将这些新的维度转化为自身的增维。而在现实的商业中，由于市场中产品与品牌的饱和，服务与体验维度将会成为各企业下一个必争之地。

3.3　升维

升维定义，同一事物（维度）上的势能或级别的提升。

升维的核心是充分洞察事物内在的势能阶梯。各种事物由于势能的强弱差别，会自然地展现出一个阶梯性的能量级别分布。每一个能级通常都具备自己的特征与形态。例如我们提到过的学历的阶梯、不同车型的阶梯等。

清晰地了解每件事物的能级，是升维的核心，因为你需要以此判断自身与竞品在特定维度所处的能级位置，以及自身是否能够在此维度中进行升维，且相对于竞争对手构成级差的优势，也就是比竞争对手高至少一个阶梯。

升维代表着自身势能的提升，高势能也意味着竞争力的强化，以及对于消费具备更高的吸引力。因此在品牌创立之初，通过升维的方式构建自己在核心维度上的优势变得十分关键。因此，在诸多快速成长品牌的发展历程中，升维已经成了不可或缺的出圈方式。

Beats，品牌升维

在品牌的升维中，Beats 耳机[1]的操作可谓是"教科书级别"。也许许多音乐爱好者觉得 Beats 已经不再是音质的最佳选择，但这个历经 14 年风雨的品牌却勇敢迎战，再次独领时尚潮流，向世界宣告它才是流量之王。

Beats 天生具有音乐基因，自诞生伊始，就擅长利用明星影响力为品牌造势。起初，美国知名音乐人格温·史蒂芬妮[2]、妮琪·米娜[3]等都喜爱 Beats，并将其纳入音乐视频，提升了产品知名度和潮流特质。之后，篮球巨星勒布朗·詹姆斯[4]在 2008 年北京奥运会上为其火热推广，从此 Beats 在体育圈成为时尚风向标。许多运动员赛前热身都必备专属的 Beats 耳机，泳坛巨星菲尔普斯和足球明星内马尔都成了它的忠实粉丝。

接下来，Beats（如图 3-6 所示）与 Lady Gaga[5]、贾斯汀·比伯（Justin Bieber）和当红歌手比莉·艾利什（Billie Eilish）等众多明星联手，将品牌的音乐属性发挥到了极致。此外，Beats 还与苹果（Apple）、芬迪（Fendi）、亚历山大·王（Alexander Wang）、MCM 等大牌跨界合作，推出一系列时尚单

1　Beats是Apple旗下的耳机品牌。

2　格温·史蒂芬妮（Gwen Stefani），1969年10月3日出生于美国加利福尼亚州，美国女歌手、演员、设计师。

3　妮琪·米娜（Nicki Minaj），1982年12月8日出生于特立尼达和多巴哥共和国圣詹姆斯，美国说唱乐女歌手、词曲作者。

4　勒布朗·詹姆斯（LeBron James），全名勒布朗·雷蒙·詹姆斯（LeBron Raymone James），美国职业篮球运动员，司职小前锋，其篮球天分极高、突破犀利，拥有出色的视野和传球技术，被认为是NBA有史以来最为全能的球员之一。

5　Lady Gaga，本名史蒂芬妮·乔安妮·安吉丽娜·杰尔马诺塔，1986年3月28日出生于美国纽约曼哈顿，美国女歌手、词曲作者、演员、慈善家。

品。国际巨星的加入以及与其他国际大牌的联名，使得品牌势能获得了"升维"。消费者无形之中，会将品牌与国际巨星的身份画上等号。这样的战略不仅让Beats焕发新生，更为其他想要开疆拓土的品牌提供了一种值得借鉴的路径。

图3-6　Beats耳机[1]

喜茶，产品升维

喜茶，这个曾掀起国内茶饮市场排队神话的品牌，它的成功背后离不开其在产品层面的重要"升维"。在早期的市场中，出于成本和操作的便利性考虑，许多茶饮品牌往往选择使用茶精、奶精和水果酱作为饮品的主要原料。这一方式已经在市场上存在了相当长的一段时间，也形成了大众对奶茶味道的一种基本认知。

而喜茶的崛起，正是在于它打破了这一传统的模式。首先是在原料的选择上，喜茶倾向于使用新鲜水果而非传统的水果酱，这不仅带来了更为自然醇

1　官网产品图，https://www.beatsbydre.com。

厚的口感，还在一定程度上满足了现代消费者日益提升的健康需求。而新鲜水果的使用，也使得每一款饮品都仿佛蕴含着自然的味道和力量。此外，喜茶对制作奶盖也做了升级。不同于传统奶茶店常用奶精制作奶盖，喜茶选择使用高品质的芝士和奶制品，创造出浓郁且滑腻的口感，与茶水和新鲜水果完美融合，为消费者带来一种全新的味觉体验。

喜茶产品升维，使得其一跃成为茶饮行业势不可挡的新星。再加上其巧妙的稀缺感（排队购买）的营造，喜茶成功地将一杯普通的茶饮升维成一种时尚和生活态度的象征，赢得了大量忠实的消费者，也快速成为整个茶饮产品创新维度的标杆。

在应用错维竞争中，升维通常是一种较为容易应用的方法。相较于超维和增维，升维要求企业投入较少的资源配置，允许它们在已有的行业维度中进行能级的调整。因为，这些能级阶梯大多有可以参照的对象，使得实施更为具体和可行。

3.4　其他错维概念：跨维与降维

跨维

跨维定义：非相关维度之间的全新链接。

在商业之中的跨维，我们可以理解为跨越与联合原本不在一个维度上的新事物，实现它们之间的创新型链接或结合。跨界的目的往往是出于创造全新的事物，这种事物可能会是一种错维创意，能够快速地引人注目；或是找到未被开发的市场，用自身的核心优势，打造更具竞争力的产品；或是一种强强的联合，将合作方的长板融合在一起，吸引更多客群等。接下来，依据上述的目的，我们将解读一下跨维运用的方向。

1. 品类跨维度融合

这通常是将不同维度的产品（或服务）进行融合，从而创造出全新的产品或服务类别。不同品类的事物，由于外形与特性都有所不同，因此很容易诞生全新的"物种"。我们在错维创意中也提出了跨品类融合的方式，不同品类在重新融合后，各自的优势也会相互叠加。随着科技的进步，一个万物皆可融合的时代即将到来，这也为品类的跨维融合打下了坚实的基础。

2. 品牌跨维发展

品牌跨维发展意味着一个品牌超越其原有的产品、服务或场景，进入一个与其原本领域不相关的新领域。在快速迭代的商业环境中，品牌跨界延伸和品类创新成为推动企业增长的新动力。近些年，云南白药，一个曾经的传统医药品牌，成功拓展了创可贴、口腔护理等新市场的历程就是跨维发展不错的例证。

（1）云南白药

云南白药，是中华老字号的医药品牌，主打产品"云南白药"创立于清光绪二十八年（1902年）。超百年的历史沉底也使它成为中国国内无人不知、无人不晓的超级品牌，其止血化瘀的特性得到了消费者的广泛共识。而之后云南白药的跨维发展，都是以止血的标签，以及其超过百年历史的品牌强势背书开启的。由于创伤药市场空间的局限，也使得云南白药需要积极地探索其他领域的市场可行性，而在创可贴与牙膏品类的跨维发展中已收获了不错的成绩。

（2）创可贴市场

在中国市场的创可贴品类中，曾经的邦迪可谓是一家独大，凭借其"防水"这一核心价值点站稳了中国的市场地位。然而，云南白药通过巧妙地打出"有药好得更快些"的市场概念，重新定义了创可贴的价值和功能，将其从单一的防水保护拓宽到药用防护的领域。这一创新概念不仅符合创可贴的使用场景——促使伤口更快愈合，而且更加精准地触达了消费者的刚需价值点：不仅要保护伤口，还要更好地愈合。云南白药通过加入"药"这一新维度，有效地提升了创可贴的实用价值，进而更加深入地满足了消费者在选择创可贴时对于快速愈合这一核心需求的追求。

而在创可贴的研发过程中，云南白药并不是闭门造车，而是专注于自己擅长的"止血"维度，对于其他维度进行有效的全球资源的整合，将创可贴的研发外包给 3M 公司，把生产委托给拜尔斯道夫等。这种强强融合，也是云南白药创可贴可以迅速占领市场的重要原因，因为它并不是仅提供"止血"的价值，而是提供了基于"止血"的强势价值系统。至今，云南白药创可贴已经获得市场 70% 的占有率。

（3）专业口腔护理

在创可贴之后，2005 年云南白药的第一款牙膏也成功面世。它看准了消费者一大痛点——牙龈出血。牙膏，通常被视为日常清洁用品，而白药牙膏则凭借其"止血"的功效，成功地契合了消费者的潜在诉求。云南白药牙膏强调其在口腔护理上的药用效果，例如舒缓牙龈问题、修复口腔黏膜等，云南白药也借此突破口，成功树立了专业口腔护理的品牌形象。

此外，在消费者的认知中，牙膏通常被认为等同于"化学制品"，云南白药牙膏则打破这一认知，用中药的概念与牙膏重新融合，形成鲜明的品类印象，与其他品牌形成有效的差异化。这也为消费者提供了新的选择，并迅速获得市场认可。

回望云南白药的跨维发展历程，其成功虽然是不可复制的，但它出色的跨维发展的思路却能给我们很好的启示。云南白药跨维发展的核心，首先，就是立足于自己的"长板"维度，寻找未被占领的其他品类，用"药用"的专业高度对于日常用品进行降维打击。其次，就是懂得整合与配置的力量，不再受困于自身仅有的能力，而是能够拥有兼容并包的格局，让优秀的资源在自己构建的平台之上，放光发热。

在最新发布的"2022年度市场调查报告"中，云南白药牙膏凭借24%的市场份额，雄踞国内牙膏行业的宝座，展现了其在这一领域的卓越竞争力。那么云南白药将如何借助牙膏业务的成功，进一步拓宽其他领域和战略布局，无疑值得市场的继续关注。

3. 跨维合作

这种合作通常指的是不同领域、不同行业的品牌之间的合作。近些年流行的跨界联名其实就是这样的概念，来自不同领域，具备不同风格的品牌。例如，科技公司与时尚品牌的合作，打造出融合了科技与时尚元素的新产品，实现在市场上的差异化定位。

2023年9月4日，一场融合了瑞幸咖啡与茅台酒业的跨界联名令全网"炸裂"——"酱香拿铁咖啡"（如图 3-7 所示），仅仅一天的时间，销量就突破了惊人的 542 万杯，销售额更是超越了 1 亿元。这不仅是一次产品层面的创新，更是在品牌营销层面上的一次大胆尝试。可以说这是一次不错的错维创意的体现，既有中方酱香白酒与西方咖啡品类之间的错维，还有高端与大众的两极错维。

图3-7　酱香拿铁咖啡[1]

这场联名合作对于宣传两个品牌，无疑取得了巨大的成功，短时间内迅速刷新了瑞幸的单品销量纪录，并在社交媒体上掀起了一阵热议。当然这其中也有值得探讨的问题，特别是当一款价格昂贵、象征着一定社会地位和生活品位的高端酒能够以相对低廉的价格轻易获取时，其品牌的独特性和溢价能力是否会受到一定程度的削弱？

当然跨维还存在更多可能性，需要随着时间慢慢发掘。但可以确定的是，

1　照片。

跨维可以成为一种我们破圈思考的方式，也可以作为一种练习，训练我们的创新思维能力。很多创业者很难摆脱原有品类框架的束缚，如果是售卖大米就只会参考别人的卖点、包装与渠道，这显然无法让你获得有效的提升。那么，大米除了作为主食而言，还可以应用在哪些场景中呢？米酒、艺术画、微雕、护肤产品、健康涂料、休闲食品等。而这些应用的场景，就很有可能存在市场的空白，等待深入优化。

降维

降维定义：高维事物对低维事物，或多维事物对少维事物的竞争状态。

在错维竞争的理论中，降维是我们希望最终达成的结果。降维可能并不适用于所有企业，因为一些企业已经处于相对有限的维度，无法进行降维。因此品牌想要达成降维的目的，自身较竞争对手必须具备更高（或更多）的维度优势，这意味着在降维之前，你需要通过升维、超维或增维等方式构建自身的势能。

3.5 错维竞争是一个系统

商业竞争是一场循环往复的大鱼吃小鱼游戏

人们常说，商场如战场，有人、有商业的地方就会有竞争。这好比一场循环往复的"大鱼吃小鱼"游戏。

相信大多数人有接触过类似"大鱼吃小鱼"的游戏，其中的游戏逻辑很简单，在成长的过程中，不断吃比自己小的鱼，并要回避比自己体形更大的鱼，才能最终成为食物链中的霸主。这似乎跟我们错维竞争的观点不谋而合——大鱼吃小鱼，小鱼吃虾米。

商业的战场中，品牌们如同游弋的鱼儿，为了占领更大的市场份额，它们不断地追寻并吞噬比自己更小、更弱的竞争对手。对于那些刚刚涉足市场的小品牌来说，它们需要找到自己的生存空间，而这往往意味着攻占比自己实力稍弱的竞争者的地盘。通过这样的方式，小品牌不断壮大，逐步跻身行业中的中坚力量。

对于那些已经具备一定市场地位的品牌来说，它们在成长过程中继续寻找比自己弱的竞争对手，进一步扩大市场份额。这时候，这些品牌不仅要关注市场上的新兴小品牌，还要瞄准那些同等实力但在某些维度上有所不足的竞争对手，以求在错维竞争中抢占先机。

错维竞争的过程还可以被看作一场有趣的象棋比赛。在经典的棋类游戏中，每一种棋子（维度）拥有特定的移动能力和作战范围，塑造出一个层次丰富、策略多变的博弈空间。每一步棋不仅在空间上做出选择，更在可能触发的连锁反应、对手可能的反应等多个维度上进行深度考虑。同样，错维竞争要求企业在多维度的市场环境中，不只局限于传统的竞争路径，而是在更多的层面寻找和创造竞争优势。

每个企业在市场的博弈中就像组合一枚枚具有特定能力的棋子，其产品、品牌、价格、服务等多个方面构成了其在商业战场上的"战斗力"。在这场多维博弈中，企业需在这些不同的方面上精心布局，灵活调整策略，或聚焦在某一维度达成领先，或在多维度上形成合力与竞争对手展开角逐，从而在这场高度复杂的商业博弈中制定出高效的战略，充分展现其竞争智慧。

错维竞争战略体现了品牌或企业在多维度竞争环境中的布局，它不应被浅显地理解为一种简单的、局限于单一维度的竞争方法。这个理念强调的是一个系统化、多维度的战略体系，涵盖超维、升维、增维等不同的战略路径和方法。在这样一个竞争体系中，单一维度的优劣不再是唯一的决定因素，因为它需要在多维度之间进行均衡和配置。

建立具备压倒性能量的竞争体系

错维竞争所表达的核心不仅是在多维度中发掘和建构差异化的竞争优势，而且是如何通过这些维度在整体上建立一个具备压倒性能量的竞争体系。它强调，在进行错维竞争时，品牌或企业要进行全方位的竞争势能分析，这包括了对自身及竞争对手在各个维度上的能量阶梯的深入分析和配置。

要在错维竞争中建立优势，关键在于如何通过错维创意和错维势能的调整，在某一个或多个维度上形成明显的势能优势。错维势能是运用高维（或多维）的势能差，在单一维度（或多个维度）对竞争者构成绝对优势。它要求企业在维度数量相等的情况下，在其他维度的势能相近时，至少一个维度上拥有显著高于竞争对手的能量阶梯。而在维度数量不同时，要确保在重叠维度上与竞争对手保持势能接近的同时，在其他新增的维度上构建新的竞争优势。

同时，错维竞争也可以被理解为错开维度的竞争方式，也就是当某一维度中，对于竞争对手我们无法做到超维和升维，需要主动调整自己竞争的维度，从而在一个不同的维度或竞争对手相对薄弱的维度上与其竞争。这里的"错开维度"理念其实就是实施一种纵深策略，尽量避免与竞争对手在其强项上正面冲突，转而在他们不那么专长或者关注度不高的领域寻找机会和空间，以便能够更有可能超越他们。

以一个想要与戴森竞争的企业为例，面对戴森在品牌影响力和产品技术方面的深厚积累，直接在这两个维度上与其一较高下将是极为困难的。戴森在这两个维度上的势能较强，说明它在品牌认知度和产品技术的创新上已经建立起了相当高的壁垒。新进入者希望在这两个维度上针对戴森，实现升维或超维，几乎是不可能的。

因此，在这种情况下，错维竞争的实施需要这家企业切换维度，寻找戴森尚未充分涉足或优势不够显著的领域来进行竞争。这里，价格和服务成了值得考虑的新维度。

比如，通过优化供应链而获得更低的制作成本，用与戴森吹风机功能相近的产品以及更有吸引力的价格，成为对价格敏感的消费者群体的"平替"。此外，新品牌可以通过增强售后服务、客户关系管理，甚至可以提供线下的免费造型的增值服务，在服务维度上形成区别化竞争。运用与戴森的错维竞争的方式，进而为品牌赢得一定的市场份额。

所以，错维不仅仅是一个简单的战略调整，更是一种主动寻找、创造和把握新机会的战略行为，要求企业能够在多个维度上保持高度的敏感和反应能力，以及在实施战略时保持足够的灵活性和决断力。

在第7章中，我们将引入价值系统的评分模型，从而使大家更加清晰地理解品牌与竞争对手在多个维度中的势能较量。你会发现，当自身与竞争对手的各维度的势能强弱，清晰地展现在一起时，应该在哪些维度进行错维的调整将变得一目了然。

04

错维创意——
不可能，本身就是一种可能

你会发现错维的情节总是让人刻骨铭心，《阿凡达》演绎了跨星球的爱恨情仇，《水形物语》演绎了跨物种的互生情愫，《泰坦尼克号》演绎了跨越阶层的生死爱恋。

但如果事情都是同维发展，或许最终都会变得索然无味。王子、公主一开始就青梅竹马，最终过上了幸福的生活，相信你没看多久就会觉得，这样的剧情简直就是烂大街了！但换作帅气的王子偶遇灰姑娘呢，或当白雪公主误入了树屋撞见七个小矮人，会不会让你一直记忆犹新！显然，错维的剧情往往更容易在观者心中埋下美好的种子。

随着商业中同质化进程的加剧，所有的事物都值得用错维创意的方式重新演绎一遍。因为在未来的世界中，独特将是最有价值，也将是最为稀缺的东西。

4.1 错维创意：忍不住开启的潘多拉魔盒

为什么创意对于品牌（企业）而言至关重要呢？这需要我们回归到人类能够发展的本源来思考。而这一切都应该从潘多拉魔盒的故事开始。我们总是将潘多拉魔盒与灾难、好奇的寓意联系在一起，每每谈论它时就会不由自主地给它披上一层神秘的面纱，那什么是潘多拉魔盒呢？

潘多拉魔盒又称潘多拉盒子、潘多拉匣子。传说潘多拉是天神中最高统治者宙斯为了惩罚盗取火种的普罗米修斯，而让火神赫淮斯托斯用黏土制造出的大地上的第一个女人。众神赐予她很多礼物，包括华丽的外衣、漂亮的外貌、强大的好奇心……其中最危险的是一个看起来十分精美的盒子。之后，宙斯将潘多拉送给了普罗米修斯的弟弟伊皮米修斯，两人喜结连理。尽管伊皮米修斯一再告诫潘多拉千万不要轻易打开盒子，否则将会有各种精通混沌法力的邪灵从中跑出来危害人间。可是潘多拉在好奇心的驱使下，最终打开了魔盒，一时间各种瘟疫、灾祸降临人间，世界被邪灵侵扰陷入混沌中，所以人们把潘多拉魔盒喻为不幸的礼物。

从古至今，人们关于人类发展的原动力一直争论不休。有的说是人的欲望，有的说是生存的需要，还有的说是创新思维，可谓是众说纷纭。如果从不同的角度分析，以上这些结论各有各的道理，但我们或可总结出一条最核心的观点：好奇心才是人类发展的原动力。也许潘多拉魔盒的开启会带给人类灾难，但是我们不得不承认，正是好奇心在以看不见的方式推进着人类的演进。

洛温斯坦的知识缺口理论

为了更好地了解好奇心对于人类的作用，以及其对于商业的推动方式，卡内基梅隆大学行为经济学家洛温斯坦 1 在经过多年研究之后，提出了"知识缺口"理论（如图 4-1 所示）。这一理论为我们提供了一个有效的观察窗口，通过它，我们可以探讨人们在面对未知信息时产生的好奇心，以及强烈的求知欲。

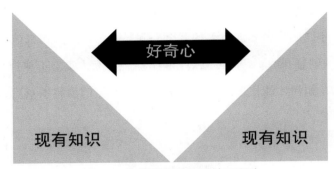

图4-1 洛温斯坦的知识缺口理论

当我们在生活中遇到能够用已有知识解释的现象时，我们不会产生强烈的好奇心，因为这些现象与我们的认知相符合。然而，当我们遇到某些特殊的、无法用现有知识解释的现象时，就会产生所谓的知识缺口。在这种情况下，我们会产生强烈的好奇心，并希望能尽快弄明白这些现象，以弥补我们的认知缺陷。例如，如果你看到一个变幻莫测的魔术表演，就会让你产生好奇心，因为这种现象并不符合我们日常生活中的认知。你会想了解这个魔术师是如何完成这些奇妙的魔术的，以及他们是如何训练出这样的技能的。

---

1 罗杰·洛温斯坦，《华尔街日报》资深财经记者，负责股票专栏《华尔街听闻》和《固有价值》。

洛温斯坦的知识缺口理论[1]对于品牌营销来说也具有巨大的潜力。品牌可以利用这一理论来创造出具有挑战性和新颖性的产品和营销活动，从而激发消费者的好奇心，引导他们去了解更多关于品牌和产品的信息。就好比某个汽车品牌推出一款具有独特外观和黑科技的新型汽车，这样一来，消费者可能会对这款车的设计、技术和性能产生浓厚的兴趣。在这种情况下，品牌就成功地在消费者的知识体系中打开了一个缺口，从而激发了他们的好奇心和购买欲望。

好奇心对于人们的消费行为有着如此之大的效果，那么在商业之中我们该如何做，才能成功激发消费者的好奇心呢？我想，这一切都应该从如何做出"出奇"的创意开始。好的创意会让品牌变成所有人都忍不住打开的潘多拉魔盒！那么，如何才能快速地形成好的创意呢？相信读完本章后，你就会得出自己的答案。

4.2　错维创意的定义

错维创意，引爆品牌的"超级炸弹"

想象一下，作为一家普通的矿泉水商家，你竟然让每瓶水的容量减半，而销量却超过了卖整瓶水的业绩，甚至还增长了 6 倍！这究竟是怎么做到的呢？一家名为耐沃特（Life Water）[2]的公司成功实现了这一壮举，秘诀就在于

1　知识缺口，股市专业术语，常用于经济学领域。洛温斯坦认为，当我们觉得自己的知识出现缺口时，好奇心就会产生。

2　耐沃特最新代理全球知名品牌Life Water，创建于美国加利福尼亚州，是一家著名的家庭饮用水处理设备生产企业。

将公益事业与广告营销相结合。

我们都知道，在日常生活中，很多人在会议或活动上喝了半瓶矿泉水就随手丢弃。事实上，这些被浪费的水已经足以满足 80 万缺水地区儿童的饮用需求。耐沃特（Life Water）洞察到了这一点，果断采用"一分为二"的策略：要求旗下多家分公司的 45 条生产线每天生产 5000 万瓶半瓶装矿泉水，瓶身印有缺水地区儿童的照片，并将其销往各大超市和便利店。与此同时，剩余的水资源被捐赠给了那些急需水源的孩子们。

消费者虽然仍需支付 2 元购买半瓶水，但通过扫描二维码了解到了自己为缺水地区的贡献，满足了个人的心理需求。耐沃特（Life Water）巧妙地将节约用水和慈善结合起来，激发了人们的善意和社会责任感。这种创新理念使得耐沃特（Life Water）品牌受到了上百家媒体的好评和广泛关注，极大地提升了品牌知名度。

正如一颗星火能燎原，一个好的创意有时看似微不足道，却拥有照亮整个夜空的力量。耐沃特（Life Water）的成功案例充分说明了，对于品牌来说，一个巧妙的创意无疑是引爆市场的"超级炸弹"。

好的创意是最低成本的营销方式

网络从来不会害怕热点太多，而是害怕没有热点。在信息高速互通的时代，拥有好的传播话题越来越关键，因为具备话题性（争议性）的传播点才是蹿红网络的核心。而在商业竞争中，好的创意一定是先于产品的。产品再好也得消费者用过才会知道。因此让消费愿意主动了解你的意愿，有时候比产品本身更为重要。对于企业而言，短时间内可以没有好的产品，但至少也要有好的创意。

在移动电商时代，商品的成交逐步地变成了数字化的产品，变成了可视化的投产比：商品的销量 = 进店率 × 进店转化率 × 商品客单价。如果消费者对你的商品无感，那么进店率与转化率都会处于很低的位置，销量的提升就变成了天方夜谭。没有人愿意主动了解你的商品，也没有消费者愿意自动分享传播你的商品，企业就需要耗费大量的成本在营销方面。就算把企业的费用榨干，也不会有好的结果。因此让好的创意带动品牌至关重要。

在所有书店都在比拼规模与书籍数量的时代，如果你的资金非常有限，仅仅能租下十几平方米的小店，你会用什么奇特的方式开办自己的书店呢？日本的一家书店给了我们不错的答案。它就是坐落在日本东京最繁华的银座商业街边上的"森冈书店"（如图4-2所示）。一度被称为"全球最小书店"，在互联网书籍代替纸质书籍的时代，它依然能够保持顾客络绎不绝，一年营业额高达人民币 60 万元。

图4-2　森冈书店[1]

1　森冈书店推特：https://twitter.com/morioka_ginza。

网络书籍的出现让人们抛弃了传统的纸质书，即使是北大附近的书店也免不了陷入不景气的惨淡状况。那"森冈书店"为何能得到大众的另眼相待呢？

这个仅有 15 平方米的小书店每周只卖一本书，尽管房租就高达 3 万元人民币，店主森冈仍坚持自己的原则。最初阶段，森冈也曾与其他书店一样仅仅依靠扩大藏书量去经营，可是无论如何努力都超越不了电子书的盛行，最终只好被迫关门。后来有一天，森冈偶然路过一家餐厅，看到店主每天都会精选一道汤，顾客进店后别无选择只能购买这道汤，森冈猛然想到，如今自己书店里，很多读者不也正是因为琳琅满目的书籍不知挑选哪本，无奈只能空手而归吗？

在汤店店主的启发下，森冈决定重新开一家书店，小店无须装修得多么富丽堂皇，只需摆一本书、一张摇摇欲坠的长椅、一张抽屉柜，以及几幅与书籍有关的宣传画就好。他把全部的心思放在了精挑细选书籍上，为了让读者能够在最短时间内了解图书的大致内容，森冈每天要阅读大量新出版的书籍，然后经过对比选择出定期销售的书籍，并筛选出经典的语句和图片制作成宣传画贴在书店各个角落。

就这样，森冈书店以新奇独特的销售方式吸引了大批的顾客慕名而来，但无论顾客多少，都只能买一本书，而且没有选择的余地。不仅如此，森冈还会在每本书上架时重新布置一番书店，他认为，每本精挑细选出来的书籍都值得拥有独特的展览形式，以表示对顾客的敬意。

在激烈的市场竞争中，"独特性"成了一把锋利的武器。当你在众多竞争对手中变得独特时，很容易就可以从众多竞争对手中脱颖而出。一个独具特点的创意，不仅能够让品牌大大地降低营销成本，还能让消费者产生强烈的认同感，从而获得主动的传播和忠实粉丝。

什么是错维创意？

那么如何才能做出好的创意呢？不难发现，当事物的理念跳脱了本身维度的限制之后，好的创意便自然而然地流露出来。选秀节目中拥有好嗓音的歌手，往往会被评价"唱得很好，却没有辨识度"。这都源于你掉进了无穷尽的同维竞争之中，你会发现自己很难从成千上万个相同的声音中脱颖而出。脱离同质化的"独特"嗓音，才是最终获胜的法宝。

而称霸华语乐坛20余年的周杰伦，他的成功不仅仅是源于他过人的才华与勤奋，更是因为他将西方 R&B 的元素与中国风音乐元素相融合，创造出了全新的曲风。更是让来自世界各地的人们都爱上了华流音乐。

无独有偶，历史中的绘画大师也多是错维的产物：天才绘画大师毕加索早期学习绘画时非常善于写实绘画技法，所有的事物都可以画得惟妙惟肖。但渐渐地，他选择用自己独特的方式作画，绘画老师曾表示，他这样不守规矩的技法都是错误的，是没有前途的，然而这一切最终却无法束缚毕加索的成功。毕加索构建了全新的超现实立体画派，善于使用二维线条勾勒三维事物的动态与情感。他曾说："我终其一生，才画得像个孩子。"当然不仅仅是毕加索，张大千、凡·高、达利无不是用另一种维度的画法诠释着自己对于艺术的理解。

所以当我们将原有事物的维度进行调整，或将不同维度的事物重新组合，新的创意就产生了。然而由于事物的维度众多，错维所能带给我们的创意表现更是无穷无尽的，千变万化的。所以想要玩转创意，错维创意一定是你值得掌握的必备技能。那什么才是错维创意呢？

错维创意的定义：一切由错维所引发的创意形式。

错维创意就是需要超越原有维度规则的限制。当事物突破原有维度极限，或同维度中两极的元素互换，或由不同维度的事物要素融合重组，都会是错维创意的表现形式。因其形成了全新事物，会跟原本同维的事物形成强烈的反差感。我们就是需要利用这种强烈的冲突与反差，吸引更多的人前来围观或分享。那么如何来制造错维的创意呢？

4.3 错维创意的方法

极致超维：超出认知的"最"

所谓的极致超维，就是事物突破了原有维度的极限，并构建新的极限的过程。

任何一项事物，发挥到极致，都会产生超乎寻常的结果，品牌的错维创意也是如此。颠覆消费者认知，突出品牌之"最"，形成品牌特色，一方面极致错维可以产生巨大的声势；另一方面还可以赋予品牌不容拒绝的魅力。当然，构成事物的维度有 N 种，每个维度的极限都有可能被突破，从而诞生全新的品牌。

如果在看重时间积淀的高端制表行业，新品牌将如何突出重围呢？是编造一个更长历史的品牌故事吗？当然不是，既然做不了历史最为悠久的手表，我们何不换个维度来打造属于自己的行业之最呢？

2001 年有一个剑走偏锋的瑞士企业，没有遵循传统的制表工艺，而是用"钛""碳纤维"等新型材料打造出了世界上最"轻"的手表品牌。它就是亿万富翁的"入场券"——瑞士奢侈品牌理查米尔（RICHARD MILLE）[1]。对于运动员来说，一款质量轻、能扛得起大幅度摆动臂膀的机械手表真的是可遇而不可求的。理查德米勒推出的 RM 027 陀飞轮表款，打破了传统重金属机械手表的概念，它的表壳采用了高碳含量复合物材质，与碳纤维的表带连接在一起，不仅在整体上显得更轻盈，而且也具有很强的抗震性，并为内部机芯设计保护结构。RM027 这款机械表体现的是一种圈层文化，专为体育运动员量身打造。以极轻的舒适感和极强的抗扭刚度成为体育圈的"宠儿"，全表的重量不到 20 克，被称为世界上最轻的陀飞轮手表。

图4-3　Spirytus白酒[3]

除此之外，你知道世界上度数最高的酒是多少度？常规白酒的最高度数一般在 72 度，而原产于波兰的伏特加——斯皮亚图斯（Spirytus）[2]（如图 4-3 所示），它是以谷物和薯类为原料，经过 70 次反复蒸馏而酿制成的高达 96 度的白酒，是目前世界上已知的度数最高、烈性最强的酒，正因如此，它有个好听的名字"生命之水"。

1　RICHARD MILLE（理查米勒）是一家创立于2001年的瑞士高级制表品牌，打破传统制表业束缚，打造舒适、抗震、耐用、精准又轻盈的腕表，被誉为"手腕上的一级方程式"。

2　Spirytus，全名Spirytus Rektyfikowany，英文译为Rectified Spirit（蒸馏酒），中文译作斯皮亚图斯，是一款原产波兰的蒸馏伏特加。酒精度数高达96%，是世界上酒精度数最高、最烈性的酒。

3　照片。

如果说 Spirytus 是白酒中的"王者"，那么 67.5 度的 Snake Venom（蛇毒啤酒）就是啤酒中"最烈霸主"（如图 4-4 所示）。它是苏格兰啤酒商 Brewmeister 于 2013 年推出的一款酒精度数最高的蛇毒啤酒，其烈性堪称世界之最。其特色在于使用了烟熏泥炭麦芽，以及香槟酵母和麦芽酵母的奇特组合，并使用冰馏的酿造方法制作的，强劲度不低于伏特加、威士忌等烈性白酒。

再说到方便面，这个家喻户晓的食品。若问它最大可以有多少分量，你是否会表现得一脸茫然？通常，我们手中的小包方便面不过 100 克左右，勉强可以填饱一个人的胃。但你听说过日本那款"超大盛方便面"吗（如图 4-5 所示）？

图4-4　蛇毒啤酒[1]

图4-5　超大盛方便面[2]

这款极品方便面竟然达到惊人的 878 克，足足是普通版本的 8 倍有余，简直就是狂欢派对上的绝佳招待！此款重量级方便面，虽然味道和普通版没什

1　照片。
2　照片。

么两样，但正因为它"身材"超大，引发了一股网络热潮。一时间，无数"大胃王"纷纷接受挑战，争相在短视频平台上晒出自己征服这款巨型方便面的最佳战绩。毫无疑问，这款"超大盛方便面"因超乎常规的分量，成为诸多好友聚会、旅行中的共享美食，也点燃了无数勇敢的胃的挑战欲望。

极客也是一种超维

极客文化也是"极致超维"的一种体现。"极客"一词源自美国的俚语"Geek"，其用来形容那些在特定领域或技术方面表现出色的人，或是行业的"发烧友"。这些人通常非常热衷于他们所擅长的技术或领域，并追求卓越和创新。他们通常会对技术或领域中的细节和技术挑战感到着迷，并愿意花费大量的时间和精力去探索和理解。

将任何事物说到极致，都可以视作极客，日本的工匠精神也不例外。

在日本料理界，一直流传着"三大料理之神"的故事，他们分别是：

"寿司之神"小野二郎至今 98 岁，从业 70 余年。

"天妇罗之神"早乙女哲哉至今 77 岁，从业 60 余年。

"鳗鱼之神"金木兼次郎至今 95 岁，从业 80 余年。

他们每个人都是从普通的厨师起家，所谓的"神"，跟其他人的差异无非是他们能够在平凡而又重复的岗位上，坚持了整整一生，在常年的工作中不断精进自己。也可以将其理解为一种精神的传递与传承。当我们能够将一件简单的事情做到极致，其实就已经脱离了事物传统的意义，它所带给客人的更像是一种工匠精神的体验（如图 4-6 所示）。

图4-6 日本"三大料理之神"门店[1]

人们常说"相信时间的力量"，不妨说是我们相信生命中每一个瞬间都孕育着无限的可能。生命每多"燃烧"一年，我们对于事物的感悟就会更深一层，在时间中洗礼，在时光中沉淀，相信时间的力量。

林则徐曾说：海到无边天作岸，山登绝顶我为峰。对于人生也好，对于商业也罢，最终的方向就是不断地突变与超越自我的过程。组成产品的维度有很多，我们没有必要效仿别人的做法。善于与竞争对手错开维度，寻找到自己能做到极致的发力点显得更为重要。

那么现在的你，思考好了吗？从现在开始，用极致错维的方式挖掘你潜在的优势，找到你的颠覆性的特性，竭尽全力将你的品牌打造成行业之"最"。

两极错维：黑白颠倒，反转中的反转

两极错维，顾名思义，就是将某个维度的两极特质进行互换，所得到的

---

1 照片。

事物的全新表现形式。如果将两极的特质相互颠倒也会产生意想不到的效果。

在品牌创新和市场营销中，两极思维与反转策略的运用能让你的产品和品牌脱颖而出。每个维度都会有对应的两极，贵——贱、男——女、老——少、雅——俗等。每个事物又会有内在的内涵与外在形象之分，你会发现处于极点的事物的任何一个要素（内涵或形象）与另一个极点的事物发生交换时，"新事物"就诞生了。

2018 年，在短视频平台中一个蓬头垢面的拾荒者映入人们的眼帘，与其形象完全相反的是，他性格谦逊，满腹经纶，知识储备十分丰富，能够把各种国学知识娓娓道来。许多人表示这太不可思议，穿着破破烂烂的拾荒者，竟然能每天给人们讲着古今中外的国学，大家便送给他"流浪大师"的绰号。

很奇怪的是，国内那么多国学的大师中，为什么最终却是一个拾荒者火起来了呢？原因就是他的形象完全跳出我们对于国学大师的认知，他的形象与另一个极点发生了错维。这就是两极错维的一种表现，当一个极点的形象，装着另一个极点的内涵，不可思议就产生了。

现在的奢侈品也开始走逆向思维的路线，从中国的烂皮鞋到中国的蛇皮袋，再到救生衣的马甲，无一不是用最极端的东西和它的品牌做了一个错维。化工袋、编织袋、米袋本是废弃生活用品，而路易威登（LV，Louis Vuitton）的设计师却颇为出奇地利用蓝、红、白三种条纹的编织袋设计了一款价值 2 万多元的蛇皮袋包。工艺精湛、耐用，拎着它，你走在中国的大街上，想要没有回头率都很难。

这样一款"传奇"的蛇皮袋是如何卖到如此高价的？或许正是因为它的两极错维创意吧。

红白蓝帆布流行于 20 世纪 90 年代，它原是香港地区居民住所外墙或木屋的防护工具，起到遮风挡雨的作用，后来被制作成蛇皮袋风靡全国。十几元的红白蓝蛇皮袋销售量高达几十亿元，堪称"中国 LV 袋"。

此外，为什么童话般的爱情发生在了王子与灰姑娘之间？这是一个值得思考的事情，并不是王子与公主的爱情没有发生，而是王子与灰姑娘的两极错维更能够打动观众的心弦，让人记忆犹新。

品牌在融入错维的创意和概念时，关键是把握市场趋势和消费者需求，敏锐地捕捉到潮流变化，从中挖掘潜在的商机。通过不按常理出牌与两极错维，可以让初创品牌在激烈的市场竞争中出奇制胜，创造出独特的品牌价值，实现市场的快速升温。

空间（场景）错维：为用户打造沉浸式体验

在品牌的概念中，场景，特指品牌与用户进行交易的场面或情景，空间与场景的错维，就是事物原本所在的空间（场景），与其他事物的空间（场景）发生交换。让故事在本不该发生的地点发生。

在时尚殿堂中，奢侈品牌最擅长运用错维创意挑战人们的想象力，尤其是在空间与场景的运用上，强烈的反差感成为吸引目光的法宝。香奈儿（CHANEL）等顶级品牌不仅拥有卓越的设计实力，还在场景营造方面展现出无与伦比的创新。从箭发射中心，到原始森林融入时装秀，每场秀都是奇妙的艺术画卷。

追溯到 2019 年的春夏高级成衣系列时装秀，香奈儿巧妙地在巴黎大皇宫内部打造出一片梦幻般的沙滩场景。海浪轻抚沙滩，仿佛置身于遥远的度假胜地。在场嘉宾们沉浸在这场视觉盛宴中，为香奈儿创造出的逼真度赞叹不已。这种别样的空间错维和反差，让观众们犹如置身于梦境，让人叹为观止。

同样，迪奥（Dior）也在时装秀上展示了其独特的空间错维之美。在巴黎珑骧赛马场，Dior 将花瓣飘洒、浪漫至极的舞台呈现给观众，现代舞蹈演员们在这个童话般的空间中尽情舞动。这种视觉与艺术的碰撞，展示了品牌对于空间错维的精湛运用。

观众们陶醉于这种极具想象力的场景，感叹品牌所带来的视觉冲击与艺术表现。这种对于空间交错的掌控，更是奢侈品牌在时尚舞台上保持其独特魅力与引领潮流的关键因素。

你可能会说，它们都是大牌，它们有足够的底气和资本去实现"造梦空间"。其实不然，接下来这些初创品牌也很好地利用了空间与场景的错维创意，并且迅速爆红网络。

在充满繁华的城市中，时尚与潮流的品牌形象店随处可见，但要论哪家门店最为抢眼，那非"破店"莫属！这家"破店"看似破旧不堪，却拥有独特的魅力，仿佛在用沙哑的嗓音低吟："你瞅啥，你敢来吗？"满屋子悬挂的"破"字，灰色水泥墙面以及复古的搪瓷大盆，网友们纷纷封其为"地道叙利亚复古风"。

更有趣的是，这家"破店"里还有驻场表演。表演者不满足于待在固定的舞台上，他们拿着吉他和麦克风在餐厅内巡游，将欢乐带给每一个角落。他们在陌生的桌与桌之间串场，不时带动互动氛围，并让食客点歌较量，让整个餐厅变成了一个大型的"欢乐颂"。这样的"社牛"餐厅让店内欢声笑语不断，干杯声、玩笑声、歌声此起彼伏，简直让人恍如置身一场时尚与破旧的盛宴。

"破店"门店的形象虽破，却成了都市人们心中的一片净土，让他们在忙碌的生活中寻找片刻宁静。最破的店，开在最繁华的地段，恰恰提醒了都市人们放下负担，找回自我，拥抱生活中那些简单而美好的时刻。

此外，如果有人告诉你，要在城市边缘的废弃矿山开一家"咖啡"，你会不会觉得有趣又离谱？然而，一个巧妙的空间错维诞生了——时髦的咖啡店在"土气"的废弃矿山竟然如鱼得水！

2022年，安吉一处名为"小冰岛"的废弃矿坑意外走红。它之所以受到关注，要归功于一群具有远见的"95后"在这里开了一家咖啡店，并给它取名为"深蓝计划"（如图4-7所示）。这个地方的湖水如蓝宝石般神秘诱人，再加上一家别致的咖啡店，成功吸引了年轻人的注意，让他们纷纷慕名前来打卡。

图4-7 "深蓝计划"咖啡馆

站在土堆之上，一句轻声道出的"你美式吧？"透露出这家咖啡店的小资情调。荒芜的矿山与别致的咖啡店形成了一种独特的对比，将城市的现代气息与矿坑的原始风貌融为一体，为游客们打造了一幅难以忘怀的美景。

身处这座悬浮在矿坑上的咖啡馆，年轻人在品尝美味咖啡的同时，还能欣赏到矿坑形成的宁静湖泊，仿佛置身冰岛的童话世界。这种独特的环境布局让人们沉浸在与繁华都市截然不同的闲适氛围中，这正是这家咖啡馆最独特的魅力所在。

由此可见，品牌的空间（场景）已变得越发重要，甚至将是下一个商业时代的竞技场。在现场的即时消费中，品牌打造体验感场景的方式，一般是在品牌购物中心的线下空间里，用一种新的场景模式来宣传和展示品牌。这种方法更能唤醒用户内心的购物需求，优势不容小觑。

空间场景的错维创意为的不仅仅是爆单和转化，而是让消费者对品牌和产品构建一个新的认知，也为未来品牌的运营模式提供了一个方向——新的消费场景将基于新的认知拓展下诞生，品牌的销售曲线也将与日俱增。而品牌的空间与场景也将拥有更大的创意空间，体现出更大的价值。

空间与场景的错维有着"先天"的优势，不同时空的场景环境下，用户对品牌和产品的认知和感受也有所不同。空间与场景的好坏，直接影响用户对品牌的信任度和体验感。想要真正满足用户内心的需求，企业要做的就是以消费者为中心，打造精准的场景定位、场景设计以及场景营销体系。

时间错维：让创意坐上时光机

不知道从什么时候开始，穿越剧一下子成为古装剧情中的主流。一个普通的现代人穿越到古代，用现在的科技、认知与另一个时代来了一场错维的故事，从此走上了人生巅峰。

时间错维正是利用了时光穿梭的概念。所谓时间错维，就是品牌打破时间的束缚，通过时间的跨越，与不同时间的场景或事物重新组合。如同坐上一台时光机,你可以穿越到任何你想去的时空。那么,如果你的品牌也有一台时光机,你将希望带上它穿越到哪里呢?

当年轻人遥想千年前的画作,《清明上河图》历久弥新,逐渐走入了我们的视野。华裔潮流艺术家 DIGIWAY[1](如图 4-8 所示),大胆地挑战了时光的界限,用潮流元素点燃古老的画卷。他打破传统,把李小龙、迈克尔·杰克逊、陈奕迅等巨星和哆啦 A 梦等流行角色融入宋代市井的繁华景象。想象一下,古人披上潮流服饰,脚踩潮鞋,与现代人物共谱和谐画卷,这种超越时空的碰撞,让人眼前一亮!

图4-8 潮流艺术家DIGIWAY作品《潮代》[2]

DIGIWAY 的大胆创意并未止步于此。他们深挖中国文化的另一面,将僵尸等恐怖元素巧妙地渗透进画作,形成了一种与众不同的趣味。如此前卫的创意呈现,让《清明上河图》焕发出别样的魅力。DIGIWAY 的作品无疑在年轻人心中树立了潮流与经典融合的新标杆。这种颠覆传统、挑战时空的尝试,让我们相信:潮流的无限可能,已经超越了时代和维度的界限。

除了艺术之外,如何能让一个平凡的路边摊华丽蜕变成长沙著名的网红地

---

1 图片来源Instagram(digiway账号)。

2 官网:https://www.digiwaygallery.com/product-page/the-ch%C3%A1o-dynasty-poster。

呢？湖南长沙的"超级文和友"同样也是时间错维制胜的成功典型。这个位于繁华街区的餐厅，"超级文和友"巧妙地再现了80年代老长沙社区的餐饮氛围。穿梭在陈旧的街道、居民楼、剧场、澡堂、小卖部和婚介所等多层立体场景中，人们仿佛回到了那个充满怀旧情怀的年代，吸引了众多游客前来体验品尝。

在"超级文和友"的每个角落里，你都可以找到生活化的场景。小卖部里琳琅满目的零食，唤起回忆中童年的美好时光。剧场里那些老电影、老歌曲，唤起曾经那激情燃烧的青春岁月。澡堂子经典的霓虹灯、指示牌，不禁让人们怀念起当年邻里之间的真诚交往。这些寻常的生活场景，让每个光顾的人都能找到自己的记忆片段。

"时间错维"所带来的共情体验，唤起了七八十年代人们的青春回忆。同时，通过这种生动、立体的展示形式，让"90后""00后"的新一代感受到老一辈人生活的变迁，进而建立起情感共鸣。短短1年"超级文和友"便迅速崛起为长沙的网红打卡地，使成千上万名粉丝排队等候（如图4-9所示）。

图4-9 长沙"超级文和友"

此外，当古老的东方传统文化，与现代的彩妆进行碰撞，又会产生怎样不同的效果呢？以"东方彩妆，以花养妆"为理念的花西子给了我们很好的诠释，出道就一路突围成为国界美妆的业界翘楚。从 2017 年到 2021 年，花西子销量直线飙升，4 年时间年销售额已经突破 30 亿元。美妆产品本来是现代的产物，而花西子则另辟蹊径，将古典的"东方美"作为产品的定位，从包装设计到广告宣传，把中国风和彩妆完美地融合，吸引了无数热爱国潮的消费者热烈追捧。

花西子乘着国潮兴起的风口，牢牢抓住国人钟爱古典风的兴趣点，在旗下各种产品的名字和包装上都加入了中国古典元素，比如"小轩窗""屏风""黛色""红鸾秀"等，并借用了苏轼的那句"欲把西湖比西子，淡妆浓抹总相宜"。

当品牌坐上时光机，穿梭于古今中外，你会发现，品牌的表现形式也不再局限于现代的元素，开始变得多彩多姿起来。时间错维就是以"时间"概念为核心的一种创新，这种"新"既要有品牌文化传导的影响力，还要有产品价值体现的"爆点"。品牌的"新"要做到走进消费者的内心，需要获得消费者的喜欢，品牌才能保持长久的良性驱动。

物种错维：新物种的诞生

2023 年，潮流圈的最炙手可热之物莫过于掀起全球风暴的"大红靴"。美国纽约布鲁克林的创新工作室 MSCHF（如图 4-10 所示），在不断推陈出新的过程中，以阿童木为灵感，缔造了这款令人惊艳的时尚大红靴。为了让大红靴成为潮流的新宠，他们更邀请了时尚界女神 Sarah Snyder[1] 亲自试穿演绎，瞬

1　Sarah Snyder，中文名：莎拉·斯奈德，超模、影视演员，主要作品有《万能钥匙2：野兽的667号邻居》等。

间在欧美时尚圈掀起了疯狂热潮。

图4-10　MSCHF大红靴[1]

　　这股"大红靴"狂潮如同猛烈风暴，迅速席卷国内市场。微博、小红书、短视频等平台纷纷刷屏，"大红靴"的话题热度远超想象。网友们对"大红靴"的解读千差万别：有人晒出自己的大红靴收藏，有人分享大红靴设计团队背后的奇妙故事，甚至有人因穿上大红靴难以脱下而露出无奈的表情。尽管如此，疯狂的热情仍在持续升温，推动大红靴成为全球潮流的顶级象征。而这也使得MSCHF赢得了"整活之神"的美誉。

　　物种错维其实并不难理解，就是不同物种之间重新组合，从而创造出全新物种的过程。产品可以重组得到新产品，那么其他业态是否也可以运用物种错维呢？答案是肯定的。

　　酒吧是现代年轻人经常光顾的夜间娱乐城，各种主题的酒吧相信大家都听过，但如果将"监狱"与"酒吧"融合在一起，你是否会开始"哇噢"起来呢？

　　"Alcotraz"是一家位于英国伦敦的独特监狱主题酒吧（如图4-11所示），它

1　MSCHF官网截图。

的名字源于 Alcohol（酒精）和美国旧金山的 Alcatraz（恶魔岛）两个词汇的结合，一语双关，点明主题。这里的每一个角落都散发着禁忌与神秘的氛围。一旦跨过 Alcotraz 的大门，你将瞬间穿越时空，化身为一名身陷罪恶之城的囚犯，体验到一场刺激的越狱之旅！

图4-11 [1]英国Alcotraz酒吧（1）

进入酒吧的重点，就是让我们在这里低调地"服刑"。忘记过去的世俗生活，穿上橙色囚服，迈入 Alcotraz 的世界。抬头望去，高耸的铁窗、严密的监控，仿佛在提醒你：警惕！这里是禁区，想要品尝那些美酒佳肴，可得小心谨慎。

在这个"Alcotraz"里，鸡鸣狗盗、诡计多端的"囚犯"和狡猾的"狱警"，成为你品味美酒的最佳拍档。他们争斗不休、钩心斗角，却又狼狈为奸，共同分享着这里的私酿美酒。不过，想要品尝那些来自地下黑市的美酒，你得巧妙地行走于"狱警"与"囚犯"之间。诚然，这是一场考验智慧与胆识的较量，只有那些足够机智的"囚犯"，才能在这里大快朵颐（如图4-12所示）。

---

1 官网：https://www.alcotraz.co.uk/。

图4-12　英国Alcotraz酒吧（2）[1]

在这里，你不仅可以品尝到独具匠心的鸡尾酒，还可以欣赏到扣人心弦的表演，沉浸在悬疑、刺激的越狱氛围之中。而当你走出 Alcotraz，重新踏入现实世界，定会对这场充满激情、勇敢与趣味的探险之旅回味无穷。Alcotraz，这是一个将美酒与刺激冒险完美融合的地方。在这里，你将释放出内心深处的叛逆与狂热，体验到一场惊心动魄的"越狱之旅"。敬请期待，"囚徒"们！

不难发现，当事物不再遵循传统意义上的规则，好的创意也会随即发生。

所以，当你思维不再受困于自身所处品类的普世标准，物种间的全新交错没准可以给你带来新的机遇。那么此时你是否已经开始想象，自己的产品可以和其他何种事物开展一次令人"哇噢"的错维创意呢？

4.4　创意的困境

创意虽好，但也非常容易"过时"。仔细回想，你会发现之前很多足以引

1　官网：https://www.alcotraz.co.uk/。

爆整个网络的热点新闻，已悄然离我们远去了。网络热搜的生命力仅有 1.5 ～ 2 个月的生命周期。其实这一切都离不开边际效应的规律。

德国心理学家艾宾浩斯提出了边际效应的概念。边际效应是指在其他投入固定不变的情况下，连续增加某一种投入，所新增的产出或收益会逐渐减少的现象。这意味着，在某一点上，再增加这种投入不会带来更多的效益，甚至可能会带来负效益。

也就是说，在面对相同的刺激时，人们的反应强度会随着刺激的重复而逐渐降低。以公司员工加薪为例，相较于月薪较高的员工，月薪较低的员工加薪更容易引发积极的反应。因此，一些公司管理者更倾向于向低收入员工加薪以激发其工作热情，从而有益于公司业务的发展。然而，这种做法的实际效果可能并不稳定。首次加薪可能会激励员工，提高工作积极性；第二次加薪，员工的激动程度就会减弱；如此循环，员工对加薪的反应逐渐变得平淡。

如果每次加薪幅度逐渐增加，例如首次加薪 1000 元，第二次 2000 元，第三次 3000 元，或者采用不同的奖励机制，如员工培训、职位晋升等，就有可能达到与首次加薪相似的激励效果。因为激励方法发生变化，从而导致员工的反应强度也随之改变。

由此可见，相同事物对我们的刺激只会越来越低，如果我们希望维持相同的刺激感受，那么必须要把奖励翻倍，或者切换其他刺激。

所以，无论我们拿出多么好的创意，一旦消费者反复接触相同的事物，兴趣就会逐渐减弱直至消失。对于品牌而言，任何企业都千万不要怀着"一招鲜吃遍天"的心态来对待当今的市场。如果你当真那么做了，网络的高渗透性与模仿者的快速响应就会让你的创意优势在一段时间之后变得平淡如水。

"网红"品牌或者"网红店"总是被人们赋予短寿的标签

网红店总会给我们带来一种昙花一现的感觉。2017年上海已有9家门店的某网红餐饮店，在一片质疑声中悄然落幕，其原因却源于餐饮最为重要的食品安全问题。虽然此前门店有着排队2小时才能进餐、翻台高达12次的骄人业绩，但最终还是没有逃过"短寿"的命运。

那么，什么才是使得品牌具备长期生存能力的关键要素呢？最终还是要回归到你所能提供给消费者的价值中去。或是能够将创意的形式进行持续的输出。消费者对于品牌的感知，始于创意，陷于颜值，忠于品质，安于价值。价值对于品牌来说，更像是坚实的地基，而创意、颜值等就如同地表之上的建筑，大楼的高度取决于地基的坚固程度。

然而现实中，我们很容易就会将好的创意与出众的颜值作为运作品牌的根本，因为这是一个目光即流量的时代。但是当热情褪去之后，消费者与品牌需要"价值的交换"来达成长期的依存关系。足见，能够长期不间断地向消费者输送价值，才是品牌生存的本质。不过，创意就注定只有短暂的保鲜期了吗？

如何才能让好创意持续？

2020年12月3日，永康路上一个袖珍洞口的咖啡店引发轰动，毛茸茸的熊爪递出一杯杯美味咖啡，惊艳了整个上海。熊爪咖啡店以极简设计和神秘氛围引人注目，顾客扫码下单后即可体验与熊爪互动的治愈时光。这种新颖的方式不仅刷新了顾客的咖啡体验，更让熊爪咖啡店在短时间内成为网红打卡地。

然而，让人心动的不仅仅是熊爪咖啡的独特设计，背后的故事才是真正让这家店受到广泛关注的原因。每一杯熊爪咖啡都是由聋哑咖啡师制作并递出，他们精心为每位顾客画出完美的咖啡花，并附上一枝玫瑰以表关爱。熊爪咖啡的创始人之一，王海青表示，他们希望通过这种方式让聋哑咖啡师在自己的空间里自由发挥专业技能。

熊爪咖啡以公益理念传递温暖，为残障人士提供就业机会，这种深入人心的公益营销方式得到了广泛认可。顾客们纷纷在社交平台上分享熊爪咖啡的特色，使其成为瞬间爆红的网红店。在了解到品牌背后的暖心故事后，消费者们更加愿意购买熊爪咖啡，为残障人士提供帮助。熊爪咖啡凭借创意、公益与温暖的力量，成功吸引了大批顾客，成为一家充满爱心的成功品牌（如图4-13所示）。

图4-13 熊爪咖啡[1]

---

1 照片。

毫无疑问，熊爪咖啡的"错维创意"在短时间内掀起了巨大的热潮，风靡全国，人们争相品尝这一特色咖啡。而熊爪咖啡也乘势开启了连锁拓展之路。然而，令人唏嘘的是，在新的门店中，熊爪咖啡放弃了曾令其一炮而红的熊爪创意，转而回归传统咖啡店的运营模式，这无疑让熊爪咖啡再次陷入与其他竞品的激烈角逐中。

熊爪咖啡的成功源于其独特的，树洞中可爱熊爪的创意。但当热度迅速降温后，熊爪咖啡却未能让创意源源不断。喝过几次熊爪咖啡的消费者渐感厌倦，因为这种创意已经变成了一种刻板的印象，失去了新鲜感，导致熊爪咖啡陷入了"创意衰老"的困境。

其实，熊爪咖啡完全可以挖掘潜力，将创意进一步拓展，形成独具特色的 IP 品牌。首先，从熊爪出发，探寻熊爪背后的故事，将品牌进行人格化升级，塑造一个独特又可爱的小熊形象，彰显聋哑人积极面对生活的勇气。其次，突破树洞中熊爪的固定形式，创造多变的熊爪形象，以满足消费者好奇心。熊爪咖啡还可以携手各大品牌举办慈善联名活动，让熊爪形象变得五彩斑斓，富有趣味性。最后，熊爪咖啡应当突破创意的瓶颈，让熊爪成为无穷尽的创意之源。树洞中的熊爪可以有各种惊艳的形式，如钢铁熊爪、植物编制熊爪、外星熊爪等。这种富有创意的形式有助于产生更多营销热点。

很多时候，当我们选择用创意的方式出圈时，就不要去奢求你的创意可以一劳永逸。因为创意的刺激性会随着时间递减。所以我们需要将一次性的创意，升级为一种可持续性的创意方式。在上一个创意热度即将消失时，下一个新的创意就要及时就位。可能你会觉得这样的方式非常辛苦，不过没办法，创意或许也是一种"体力活"吧。

4.5 如何训练自己的错维创意：人人都是大创意家

打破线性的思考方式，重新以非线性的方式呈现

实际上，未来所有可用于创意的素材都已经潜藏在我们周围，只是我们往往缺少发现创意的慧眼和将创意素材碎片拼接在一起的思维。有人把创意神秘化，实际上，创意更像是一种组合形式，一种算法。当算法发生改变时，事物便有可能演变成全新的形态。

或许"不可能"这个概念本不存在；或许"不可能"本身就是另一种可能，在等待着我们去挖掘和实现。在探索创意的过程中，我们要做的就是转换思维方式，打破桎梏，让"不可能"的可能性变得触手可及。正如哲学家们所言，当我们从不同的角度去审视事物，往往能发现意想不到的真相。

因此，创意的本质在于透过表象看本质，勇敢地尝试新的组合和算法，用创新的思维去打破常规和束缚。我们需要培养敏锐的洞察力和大胆的探索精神，从多维角度不断探索，这将帮助我们在创意之海中乘风破浪，探寻到一个又一个惊艳的可能。

那么如何打开自己的创意能力？所有的事物，我们都可以把它拆分为 N 个维度来看，例如：极致、时间、地点、形态、特质等。将每一个维度进行解构，用错维创意的方式加以思考，新的创意就会应运而生。

这里我们用最为常见的"咖啡"来做一个错维创意的思考，探寻那些咖啡中的"不可能"（如图 4-14 所示）。

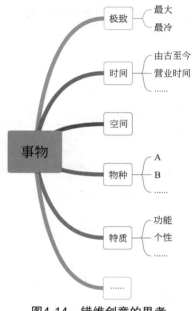

图4-14　错维创意的思考

1. 极致超维

咖啡都会有哪些值得发掘呢？

咖啡最大杯应该是多大？

最浓咖啡应该是多浓？

酒精度最高的咖啡是多少度？

最冰的咖啡温度应该是多少呢？

……

2. 时间维度

咖啡在公元 6 世纪被发现，而在 11 世纪人们才开始把咖啡煮来喝，那么在这远古时代如果有了咖啡的存在会是何种景象，你说猛犸象会不会也爱喝咖啡？那些生活在石器时代的原始人是否在狩猎之前都会来杯咖啡提神呢？（如图 4-15 所示）。

图4-15 远古时代咖啡[1]

未来的咖啡店会是什么样子呢？如果移民到火星，那时候咖啡馆应该会是什么样的装饰风格？我们是否可以畅想在星际旅行的太空船里，喝一杯属于那个时代的特调咖啡？

3. 空间维度

常规的咖啡店都开在繁华的闹市，城市的中央商务区，那么在麦田中是否也可以喝一杯咖啡？

咖啡一定要在咖啡馆里喝吗？为什么不可以约上好朋友去理发店，浴室喝咖啡呢？

1　AI生成图。

4. 物种错维

咖啡一定是要用来喝的吗？是否可以尝试用咖啡做成艺术品，是否可以用咖啡来做香熏？咖啡的作用是什么？提神！那有没有可能做一种不提神的，而是喝完以后，让消费者可以睡得更香甜的咖啡？

你需要读懂的 3% 理论

3% 理念，源于已逝的 Off-White[1] 创始人、路易威登（Louis Vuitton）前男装创意总监维吉尔·阿布洛（Virgil Abloh）的设计思路。2017 年，他在哈佛大学设计学院的演讲中，讲到与耐克（Nike）的合作时说道："I was only interested in restraining myself, and only editing it 3 percent." 我们可以理解为：只需改经典设计的 3%，就可以得到一个崭新设计。虽然这一理论一直备受争议，但不可否认这也是一种很好的借势方法。或许我们的高度，并不是单纯取决于自身的条件，而是取决于"你站在谁的肩膀之上"。

对于那些大品牌而言，他们并不缺乏经典的设计，在自身的经典设计之上，融入当下最为流行的"3%"，就可以诞生全新的经典。那么对于我们大众创业者而言。又将如何运用好这 3% 理论呢？这同样是值得思考的问题。

在 2022 年，一则令人瞩目的新闻成为热搜焦点：波普艺术奠基人安迪·沃霍尔[2]的一幅标志性作品《梦露》在纽约佳士得拍卖会上以惊人的 1.95 亿美

1　Off-White，是2013年设计师Virgil Abloh创立的街头潮牌品牌，品牌下分别有Logo棉质针织连帽衫、Logo棉质运动衫、Marker Arrows棉质针织帽衫等商品。

2　安迪·沃霍尔（Andy Warhol，1928年8月6日—1987年2月22日），港台地区译为安迪·沃荷，被誉为20世纪艺术界最有名的人物之一，是波普艺术的倡导者和领袖。

元成交，刷新了 20 世纪艺术品拍卖的纪录（如图 4-16 所示）。在全球拍卖历史上，这一成交价排名第二，仅次于达·芬奇的《救世主》，其成交价高达 4.5 亿美元。

图4-16　安迪·沃霍尔，玛丽莲·梦露版画[1]

　　红遍全球的玛丽莲·梦露的经典形象，加之波普艺术的先驱，安迪·沃霍尔的独特色彩搭配与丝网版画工艺的"3%"，成就了又一举世经典。在观看过安迪·沃霍尔的展之后，你不难发现，在安迪人生最后的阶段，他更加擅于用大众共有认知中的事物，作为自己的创意主角。经典的可口可乐曲线瓶、金宝汤罐头、美金符号（如图 4-17 所示），以及名人的形象等都是他的素材。再加以自身对于色彩与组合的理解，便会得到崭新的作品。在他看来，艺术本身就源于大众，最终也要回归于大众。

　　人们常会说"一千个人的眼中就有一千个哈姆雷"，由于阅历不同，喜好不同，审美不同，因此每个人对于故事都会有不同的理解。创意与艺术的主

1　照片，安迪·沃霍尔展。

体，或许并不艺术品本身，而是每一个正在欣赏它的个人。因此我们每个人都具备了属于自己的"3%"，当它能够跟大众事物进行融合的时候，得到的创意也会各不相同。

图4-17　安迪·沃霍尔，金宝汤罐头版画[1]

对于品牌而言，可以用两种路径来应用 3% 理论：

（1）当我们的品牌已经有特定且独特的输出风格时，我们要懂得发现大众火爆的事物，并将自身独特风格的"3%"加以融合。

（2）当我们的品牌还没有特定风格时，我们可以将自身的产品，叠加最为流行或最热点的事物的"3%"，进行全新表达。

1　照片，安迪·沃霍尔展。

现在我们不妨用 3% 理论来个命题创意，如何站在城市的角度创意一杯城市限定奶茶，你是否已经有了自己的答案。南京鸭血粉丝奶茶、绍兴黄酒奶茶、柳州螺蛳粉奶茶、常州萝卜干奶茶、四川花椒奶茶、贵阳鱼腥草奶茶、山东大葱奶茶等，这些奶茶虽然在口味上未必好喝，但从创意的角度来看，它是不是已经浮现在你的脑海，并且让你开始"上头"了呢？

05 第5章
趋势、势能与错维势能——
感知"无形的水"

《孙子兵法·虚实篇》的第六章言道:"夫兵形象水,水之形,避高而趋下,兵之形,避实而击虚;水因地而制流,兵因敌而制胜。故兵无常势,水无常形。能因敌变化而取胜者,谓之神。"

用兵之道犹如水之灵动,水舍弃高处,留向低谷,而兵法之道同样要远离敌人的阵容严密之地,聚焦敌军的弱点。水随地势起伏改变流向,用兵亦根据敌情决定胜算。因此,在战场上,战略如水般无常,恰如水流永不止息;那些能根据敌情变化而制胜的人,正是达到用兵之妙道的顶峰。这句话充分地诠释了对势能的理解,我们也可以将其称为"无形的水"。

5.1 势的拆解——"势能"与"趋势"

对"势能"的解读

势能的概念来源于物理学，描述的是一个物体由于其位置或状态而具有的储存能量。例如，一块石头在山顶上，由于其高度位置，它具有由重力造成的势能。如果石头从山顶滚下，这种势能会转化为动能。

而在商业中，我们可以把势能理解为品牌或公司在某一维度具有的无形"能量"，这种看不见的能量，时时刻刻都在影响着商业的变化。势能是一个非常抽象的概念，我们可以将"势能"概念进一步细分为"宏观势能"与"微观势能"。宏观势能，是指外部趋势和环境所形成的发展动向。而微观势能，则是指在特定环境下，事物之间相对"能量"的高低关系。为了在竞争中获得优势，创业者应充分了解并利用这两种势能。

宏观势能可理解为社会演进中产生的外部趋势，它反映了不同品类或场景的需求变化。简单地理解，就是宏观趋势决定了市场中所有事物的供需关系，也决定了行业的"天花板"（市场空间）。顺应宏观势能，意味着把握商业中事物未来发展的"天花板"。在商业竞争中，具有宏观势能的品类或场景更容易吸引投资和资源，为企业带来更大的发展空间。

微观势能是在特定环境中的竞争优势，是一个相对的概念。品牌或企业应关注事物之间势能强弱，并在竞争过程中充分利用这种差距。一个企业在某一市场领域的微观势能越高，它与竞争对手之间的竞争优势就越大，赢得市场的概率也就越高。对创业者而言，平衡宏观势能和微观势能同样重要。在宏观层面上，创业者需把握社会发展趋势，审时度势地寻找潜在商机。在微观层面上，创业者应关注自身与竞争对手的差距，通过错维竞争和持续创新来积累竞争优势。

正如电视剧《楚汉骄雄》中张良所说："是非只在时势。"简单一句，却道出了"时势"的玄机，一场战争中不仅要靠"力拔山兮气盖世"的勇气，更是不可缺乏审时度势的智慧。只有不断借助宏观势能，积累微观势能，才能最终取得成功。总之，创业者在品牌打造过程中，需关注并运用宏观势能和微观势能。在把握大势的同时，还要关注细节，善于发现和利用与竞争对手间的差异。这样的势能平衡，将为企业创造更多发展机会！

5.2 趋势：时代总会留给后人机会

趋势代表着新时代的萌芽，也象征着某个时代的终结。我们可以把趋势理解为一种时代发展所创造的全新的供需关系。趋势每时每刻都在发生，却难以预见，它所拥有的力量是无穷大的，无论公司是大是小，面对趋势时都显得微不足道。

汇源果汁曾经是很多"80后""90后"的童年记忆，也一度是年夜饭餐桌上的标配。但在2022年，这个曾经火遍中国的"国民饮料"却宣布破产重组。很多人将汇源的沉寂，归因于其被收购的失败，殊不知，汇源倒下的真正原因，是它没有跟上时代的趋势。年轻人不再青睐高糖分的浓缩果汁，取而代之的是零碳的果味汽水，NFC果汁、鲜榨果汁等。这恰是印证了那句话——时代抛弃你的时候，连一个招呼都不会打。

中国古话有云"时势造英雄"，说的一点也不假。其实英雄与品牌都是时代的产物，趋势正好路过，而你正好遇见。人们也常说"人生发财靠康波"，意思就是宏观的经济走向对于我们普通人的财富积累起了最重要的作用。其实无论是个人还是企业资源与财富的积累，都需要我们正视时代趋势的走向。趋势就像时代的洪流，你无法与它的力量抗争。所以当趋势来的时候，懂得跟紧趋势的脚步，借助外部的"趋势"，为自己获得更多收益。同样，紧跟趋势的品牌会比那些没有跟上趋势的品牌更具势能。

那么现在的商业之中又有哪些正在形成的趋势呢？

年轻化趋势，所有商业都值得重新做一遍

美国作家杰克·凯鲁亚克的小说《在路上》有这样一句话："永远年轻，永远热泪盈眶。"有时你也会感叹，时代总是属于年轻的一代，永远的 25 岁，永远的风华正茂。

同样，在本书开篇就讲到过，随着新生代消费者的出现，品牌年轻化同样势不可挡。在欣赏新鲜事物的同时，最重要的是找到趋势的方向，懂得判断趋势的变化，并努力跟上趋势发展的脚步。消费趋势就是要走在风潮的前端，而不是等到市场已经发展后再去追逐。产品只有基于长周期的预判，才能成为创新的目标。冲浪的时候，唯有站上浪头的时候才能真正体验海浪的巨大力量。

其实，对于产品的趋势，指的就是品类趋势的判断。原有品类的升级也好，新品类的创新也罢，都存在一定的冒险性。品类趋势的正确与否决定了产品成长能否持久。因此，品牌既要挖掘他人看不到的新趋势，又要改变用户对产品的认知，从而获得用户对品类的认可。简而言之，就是让品牌重新"酷"

起来，也就是需要将产品放到新时代的消费场景里对产品进行重新定义和技术方向的调整。

随着2022年瑞虎春节的脚步渐近，无数品牌纷纷顺应生肖潮流，进行了一次别具一格的品牌升级。其中，"路易威登之家"在成都的"引虎入室"更是让众多消费者惊艳不已。这条矫健的巨型老虎尾巴位于成都远洋太古里，巧妙地展现了路易威登之家为迎接虎年特意设计的艺术精髓。放眼望去，恍若一只壮观的老虎挥动其巨尾在走廊间穿梭，让过往的顾客惊叹连连。它巧妙地融合了艺术与旅游元素，为全新"路易威登之家"的开幕平添了一抹浓郁的艺术气息，成为成都市的新地标（如图5-1所示）。

图5-1 "引虎入室"[1]

以全新的"创意"为主线，对建筑与时尚的共同元素进行别出心裁的重新诠释，为建筑赋予了生动的灵魂。每一次，路易威登都能突破建筑与时尚之间的界限，以独特的"屋里屋外"艺术概念为大众带来全新的时代体验。一边出

---

1 LV官方新浪微博图。

售商品，一边展示"艺术"，处处流露出 LV 独特的浪漫主义风情。当然，除了这个惊艳之作，还有许多其他领域的品类趋势等待我们去深入挖掘，感知它们蕴含的无穷魅力。

单身经济、懒人经济等各类新经济趋势

或许"懒人改变世界"真是一条真理。近些年，年轻群体越来越崇尚追逐自我个性化，在这类群体的不断壮大之下，消费趋势也逐渐凸显，进而催生了单身经济、懒人经济等新的经济业态。

随着生活压力的加大，人们的思维观念也发生了改变，从原有的"有家才算好"变成了"单身也挺好"。为了满足单身人士的需求，很多企业纷纷将目光转向了这一群体，市场上出现了"单身经济，比如一人食餐厅和日本一兰拉面（如图 5-2 所示）。

图5-2　日本一兰拉面[1]

1　一兰拉面官网：https://www.ichiranusa.com/about/。

设想一下，在劳累的一天结束后，你来到一兰拉面，感受到店里的温馨氛围。在私密的小隔间中，你不需要担心别人的目光，可以大胆地尽情享用拉面。隔壁传来的面条汤汁的激荡声勾起你的食欲。面条在筷子间旋转，汤汁飞溅，麻辣与鲜香的味道在舌尖绽放。你全身心地沉浸在拉面的美味中，品味着每一滴汤汁和每一根面条。

当你抬头看向隔间的小窗，服务员微笑着递上你点的调料，然后适时离去，让你继续享受自己的美食时光。在这个独立的空间里，你可以专注于感受拉面带来的温暖和滋味，让疲惫的心得到慰藉。这样的消费场景正是一兰拉面为单身人士精心打造的独特魅力。

RIO 鸡尾酒将自己称作"一个人的小酒"，一句"微醺，就是把自己还给自己"的口号，掀起了年轻人微醺的热潮，成了标志性的单身独饮酒。

而"懒人经济"可以理解为"花钱买省事"，它的特点在于省时省力，为人们提供了一种享受"懒到底"的服务，也让人们获得了更多能够自由支配的时间。所以懒人经济的消费者并不一定就是"懒人"，还为那些忙碌得不可开交的职场人士提供了方便，满足了我们"当懒则懒"的习惯和需求。

预制菜就是"懒人经济"的产物。现代大多数年轻人更热衷于享受，不愿下厨房，特别是当更多的女性把职场当成人生的主战场，在家烹饪也就成了一种奢侈。在这种情况下，预制菜一夜之间成为风口，西贝贾国龙预制菜为人们在家做饭节约了时间，同时也让人们吃上了健康、快捷、美味的食物，尽管预制菜在现阶段的市场还较小，但未来的趋势却不可限量。

IP 化趋势："得 IP 者得人心"

在市值万亿元的企业名单中，迪士尼的 IP 帝国绝对是绕不开的话题（如图 5-3 所示）。100 年过去了，这个老品牌依然是年轻的状态，因为 IP 的人物从来不老，它们永远都活在每一个观众的心中。你不可否认的是"其实每个人心里都住着一个孩子"。

图5-3　迪士尼电影[1]

在许多人看来，零售就是迪士尼整个商业结构的产业价值链，事实是，迪士尼的盈利还离不开电视和网络业务、迪士尼乐园度假村、衍生品及游戏、电影娱乐等 IP 娱乐文化板块，特别是电视和网络业务的营收额占比已高达44%，IP 则对迪士尼整个文化产业链起到了极大的推动作用。

此外，2022 年北京冬奥会的吉祥物"冰墩墩"成了虎年全网的爆款，随着"一户一墩"的口号声越发响亮，定价 118 元的冰墩墩盲盒预售火热，一秒售罄，网友高呼"一墩难求"。而冰墩墩数字盲盒尽管价格较高，约为 630 元人民币，但也已成为全球炙手可热的 IP 产品。

1　https://www.disney.cn/。

一个曾被所有资本都不看好的泡泡玛特（POP MART Molly）[1]，在港股上市之后迅速达成千亿港元市值，2021 年营收同比增长 78.7%，而爆款 IP 的Molly 系列营收就达到 7.05 亿元。后疫情时代还有如此良性的盈利性，是无数传统企业望尘莫及的状态。多年前人们无法相信，一个 PVC 材质的卡通形象竟会有如此超常的吸金能力，她甚至没有什么实用价值。但现在得年轻人可能会否认你得看法，因为 Molly 是他们最好的朋友之一（如图 5-4 所示）。

图5-4　泡泡玛特（POP MART Molly）[2]

而纵观现在的潮流 IP 已经不同以往，它们背后往往不再依靠某些故事作为支撑，而是以带动大众消费情绪为动力，让情绪价值释放的巨大动能为品牌带来无限的商业价值。而在元宇宙的世界里，不要奢望消费者还会对你品牌的图形标志感兴趣，他们需要的是亲密关系的朋友，或可以并肩作战的伙伴。

1　POP MART（泡泡玛特），是成立于2010年的潮流文化娱乐品牌。发展十余年来，POP MART（泡泡玛特）围绕全球艺术家挖掘、IP孵化运营、消费者触达、潮玩文化推广构建了覆盖潮流玩具全产业链的综合运营平台。

2　POP MART上海旗舰店照片。

"得 IP 者得人心，得人心者得天下"，IP 已然成为品牌创造价值的重要出口，而不再单纯地只是一句口号而已。可见，打造品牌自身的流量 IP 具有巨大的长期价值。

社交趋势：让每个人回归主角，生动且有趣的社交环境

如果你想跟现在的年轻人聚会，提出去餐厅或去 KTV 的想法，可能会被他（她）们冠以"爷爷/奶奶"的称呼。伴随着 Z 世代的崛起，社交需求也发生了变化，他们的社交需求和兴趣爱好更广泛，更能凸显个性，于是就形成了不同的社交圈子，而新圈层的形成能够催生许多新品牌和新品类的出现。如电竞酒店、剧本杀、密室逃脱、滑雪、海伦斯小酒馆、江小白等。

有句玩笑话叫作"万物都能剧本杀"，剧本杀露营、剧本杀咖啡等，甚至有一天你在剧本杀的过程中，问问身边的队友，他可能会告诉你，我们是来参加公司的团建活动的，除了你之外，其他人都是同事。Oh My God![1]

坐落在厦门的世茂凡象酒店专为服务"千禧一代"而打造，以用户思维为导向不断探索跨界模式下多元化的酒店场景和消费体验，剧本杀就是其中之一。通过剧本杀的娱乐形式，让几个年轻人组局后感受沉浸式的游戏社交体验。此外，对于走在时尚前沿的年轻人来说，电竞酒店是基于 Z 世代追求新奇、崇尚个性特点而打造的致力于电竞生活体验的新鲜消费场景。

主导性、体验感、互动性是新消费群体的重要诉求。场景中的主角也悄然从品牌，变成了消费者本人。所以，如果你正打算做个新的品牌，一定要记得

1　Oh My God是一种中国式英语语言，意思是：哦，我的上帝、我的天。

把主角光环还给消费者。

大健康趋势：在"健康"概念上建立新的认知

疫情后，国民对健康认知水平也不断地提高，健康需求被逐渐扩大和细化，从而衍生出了一大批围绕"健康"这一核心概念为定位的新品牌和新产品，比如元气森林等。

同样定位于"居家健身镜子"的美国健身品牌 Tonal（如图5-5所示）、定位于"零售制健身课程"的健身房超级猩猩、定位于"瑜伽界的高端爱马仕"的运动品牌露露乐蒙（lululemon）[1]，也都是抓住"健康"概念的风口，备受众多粉丝的热烈追捧。

图5-5 Tonal健身[2]

同为健康饮料，同是以甜味剂代替蔗糖为创新，为何元气森林名声大噪，

---

1 瑜伽服装品牌露露乐蒙（lululemon），因2022年北京冬奥会加拿大代表团的红色羽绒服出圈。

2 https://www.tonal.com/campaign/black-friday-2023/。

而提早入局的同仁堂凉茶却难觅踪影？原因就在于元气森林定位于"0 糖"的概念，获得了人们主观上的认知，知道它就是一款健康饮料。

所以，品牌仅仅推出"健康"产品是不够的，还要在此基础上，找出能够突显"健康"认知的差异化特点，并将这项特点传递给消费者，从而为消费者建立"健康"概念的认知。

德国独角兽企业"Hello Fresh"（如图 5-6 所示）为消费者提供新鲜的食材包和配套食谱以及配送服务，每人每餐的成本不超过 10 美元，食谱为专业营养师研制的健康食谱，现已在全球拥有了上百万名粉丝。

图5-6　Hello Fresh[1]

艺术与潮流的趋势

阿那亚位于河北省秦皇岛市北戴河新区国际滑沙中心北 500 米。该地于2013 年创立，是一个融合了文学艺术和潮流文化的独特场所。

1　https://www.hellofresh.com/。

　　在阿那亚，年轻人都在寻找诗和远方——最孤独的图书馆（如图 5-7 所示），这座孤独的图书馆不仅仅是一个地方，更是一种精神寄托。在这里，年轻人不断突破自我，开启属于他们的独特风格和创意思维。来自各地的年轻人在这里思考、交流、创作。这里不仅收藏古今中外的精品文学，还定期举办讲座、展览和文化活动。为此，阿那亚也成为时尚界的焦点，各大潮流品牌选择在这里展示它们最新的设计。这里的发布会不仅仅是产品首发的盛会，更是一场文化盛宴。人们在这里交流思想，分享梦想，无处不激发灵感。这座图书馆成为激发创意的源泉，为年青一代的创作者提供了无限的可能性。

图5-7　阿那亚图书馆

　　而年轻人在寻找诗意和远方的过程中，不仅找到了自己，还为这座城市赋予了新的生命和活力。这里不仅仅是一个文化社区，更是一个充满活力热情和创意的天堂。

　　曾经，街头艺术、漫画、玩偶等小众文化很难登上大雅之堂，而今它们却成了潮流艺术的高价拍卖产品，逐渐改变了整个艺术市场的发展走向。如果你希望了解当下的潮流趋势，这些艺术家你可能需要了解一下。

从用另类征服世界的村上隆，到用波点征服世界的草间弥生，再到用情感征服世界的奈良美智，他们被称为日本艺术界著名的"三剑客"（如图 5-8 所示）。这些艺术家凭借自己的潮流艺术品风靡整个艺术圈，加之互联网和社交媒体的兴起，进一步推动了艺术家名气的曝光度，建立受众广泛的粉丝，提升了潮流艺术品在大众圈层的社会影响力。

村上隆作品　　　　草间弥生作品　　　　奈良美智作品

图5-8　潮流艺术家作品[1]

以村上隆为例，他的作品极其富有个性，通常将西方文化与日本文化相结合，既具有娱乐性，也具有欣赏价值，以流行的卡通文化和绘画元素为基础，营造了极具视觉表现力的个人作品。

新消费趋势：低碳、绿色、环保消费意识深入人心

长久以来，低碳、环保始终都是社会各界倡导的绿色行动，而近几年又出现了一个新的相关名词——"低碳消费"。商道纵横发布的《2021 中国可持续消费报告》数据显示，高达 86.1% 的调查参与者对于低碳消费具有较强的意识，这也从侧面反映了低碳消费将成为未来的一种新趋势。

1　照片。

比如在褶皱美学推动下诞生的日本小众品牌 kna plus（如图 5-9 所示），kna plus 褶皱购物袋不仅设计精巧，可以折叠携带，方便收纳，而且还考虑到环保问题，采用了来源于植物的聚乳酸和再生聚酯的可降解材料，废弃丢入土壤后无论是焚烧或是自然分解也不会污染土壤和水环境，让许多消费者爱不释手。

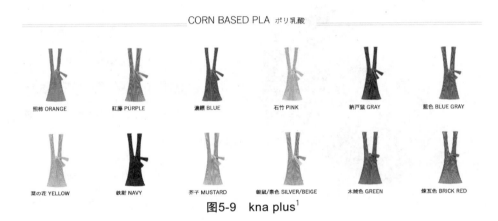

图5-9　kna plus[1]

而同样成立于日本的丸繁制果公司，专注生产可食用的日常器具，比如用于户外活动的可食用托盘，可盛装摆放各种食物，使用后即可食用，无须丢弃，味道类似冰淇淋蛋筒，香脆可口；用于夹菜的可食用筷子，用灯芯草为材料，用后即可折断食用，吃起来像饼干一样，备受消费者的称赞。

不管在什么时间，新的趋势总可以带给人们新的机遇。我们无法言尽每一天每个领域的趋势，但可以肯定的是，每个品牌都有借助它重生的机会。那么，现在的你是否已经开始思考，自己的产品将如何与趋势结合呢？

1　官网：https://knaplus.com/products/tate-pleats-l.html。

5.3　势能与错维势能

每一个细微的维度中，都有势能（微观势能）的存在，并且这种势能都会存在强弱的差别，如同"阶梯"状的分布，每段阶梯之间，都有明显的势能差

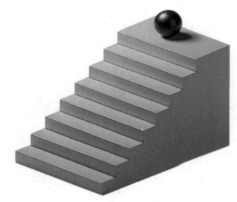

异（如图 5-10 所示）。此外，多维度与单一维度间，也存在明显的势能强弱差别。错维势能就是运用自身维度的调整，上升到更高的"阶梯"，或融入更多的维度，对原来的"阶梯"形成压倒性的势能差。

因此，希望运用好错维势能，就需要深度地洞察每件事物在不同维

图5-10　势能"阶梯"

度的势能"阶梯"，以及融入新维度后的势能变化。我们可以通过商业三个关键维度的势能拆解，理解这种势能的变化，从而理解错维势能存在的可能性，这三个大的维度分别是：区域势能，区域的势能轨迹；专业势能，专业从高向低的传递；价值势能，多维价值的进化。

区域势能与区域错维势能

所谓区域势能，就是每个区域所拥有的势能差异。城市之间是有势能存在的，从国际一线城市到国内一线城市，从国内一线城市到二线城市，层层依次递推，势能高低各不相同。有些二线城市的火热品牌想要进军到一线城市，就等于是逆势而行，自然成功不了。不只是城市，国家与国家、沿海与内陆也

都存在经济势能的差异。

国家势能阶梯：发达国家＞发展中国家＞欠发达国家

城市势能阶梯：超一线城市＞一线城市＞二线城市＞三线城市＞四五线城市

经济地域势能：沿海＞内陆，南方＞北方

产地优势：正宗原产地＞其他产地

原产地同样有着很强的区域势能，就如意大利的跑车、瑞士的手表、美国的科技产品、日本的日用品和药妆，阳澄湖的大闸蟹、东北五常的大米、郫县的豆瓣酱、重庆的火锅、兰州的拉面等，无一不是行业里的风向标。茶叶行业对于原产区的概念炒得更加疯狂，你会发现一路之隔的两包茶叶，价格相差几十倍，原因只是两个字——"正宗"。这些地域经历了几十年甚至更久远的大众消费者教育工作，脱离开原产地的势能，重新给消费者建立新的认知是非常困难的，经济区域势能的产生也绝不是一朝一夕的事情。

品牌区域势能的构建主要是借力地方文化特色，将产品融入用户的认知、生活中做传播，从而对消费者的行动和观念产生一定的影响，形成当地的消费新趋势。

你会发现，在中国很多竞争力弱的产品，拿到经济区域势能低的国家，依然可以大放光彩。

如果现在问大家，你还记得波导手机吗？没错，就是那个"手机中的战斗机"，它曾蝉联7年中国销量冠军，它去哪了呢？在苹果为主导的智能手机的浪潮中，波导手机逐步在高手林立的中国市场败下阵来。但是品牌方并没有就此消失，而是找到一片全新的天地。十几年一闪而过，你会发现在非洲10个人里就有 4 个人在使用一款中国品牌的手机，它的名字叫传音。没错，它的前身就是波导。非洲市场也是苹果、三星的必争之地，从一个王者到另一个王者，传音又是如何做到的呢？

传音手机（如图 5-11 所示）之所以能够雄霸非洲市场，与它的本土化战略分不开。区域势能只是先发优势，而如何为当地消费者提供更具价值的手机，还是需要狠下一番功夫：第一，价格优势，与苹果、三星的高端定价不同，非洲普通手机的消费仅在 100 元左右，智能手机的价格区间在 500 元上下，这怎么能难倒一个中国制造的品牌呢；第二，传音具备快充与电池长续航的功能，在非洲这个不能做到随时随地充电的地方，中国手机长续航的能力，简直就是王炸；第三，根据非洲人的使用习惯而设计的，比如非洲的很多电信公司信号不兼容，导致非洲人不得不准备几个手机来装不同的卡，而传音手机解决了人们的烦恼，推出了四卡四待的产品，满足了人们日常出行的需求；第四，传音手机的相机还具有针对非洲人皮肤黝黑的特点设置的特殊的美颜特效，对眼睛、牙齿进行补光，直击用户痛点，帮助人们实现变美的愿望。

图5-11　传音手机[1]

1　官网：https://www.transsion.com/business?lang=zh&code=business。

不得不说传音手机的错维竞争获得了成功，核心原因是绕开了与高手同维过招的状况，并找到了自身可以形成绝对优势的区域。技术并不是传音的主要优势，但也正是因为没有技术的领先优势，造就了它能够拥抱价格优势的可能，恰巧技术也不是非洲市场的第一刚需，二者一拍即合。

此外在国内"无用"的二手服装到了非洲市场竟然也十分畅销，原因是非洲的贫苦家庭居多，走在非洲的大街小巷随处可见穿着带有中国汉字衣服的当地人，有意思的是，他们还以喜闻乐见的态度把这一有趣的景观拍成照片传到了社交网站上，足以见得中国二手服装在非洲的火爆程度。所以，对于品牌而言，永远都会给你留有空间，只是看你是否能找到自己的区域。

提到海底捞，可能无人不知，无人不晓，然而为何这样一家赫赫有名的火锅店却没有在重庆、四川开一家分店呢？为什么海底捞走出简阳后的第一间店却开在了西安？这也恰是海底捞能够快速成功的原因，因为它规避了来自同维高手的正面进攻，地域选择上也遵循了势能的规律。假如海底捞第一站选择了成都或重庆，就算最终能够胜利，也会耗费了大量的资源和精力来应付来自同维的竞争。这样看来海底捞在发展之初的区域选择就非常讨巧了。

区域势能是非常有趣的一节，由此可以让你能够更加清晰错维理论的概念，你会发现仅仅是在区域这样一个维度中，由于势能强弱的阶梯，就能延展出非常多的发展可能。抛开差异化的概念，从区域势能中感知自己品牌的方向也会更加清晰一些吧。所以，你的下一个市场选好了吗？

专业势能与专业错维势能

专业势能反映了产品在特定技能或领域中的专业水平的差异。在高端汽车领域，奔驰展现了其对专业势能深入的理解和应用。在象征着汽车最高制造水平的 F1 领域，奔驰车队曾多年蝉联 F1 的冠军宝座，这重复地证明了奔驰在汽车技术方面的高度，无形之中也拉动了奔驰专业势能在所有消费者心中的位置。

然而，在近些年奔驰热议的车型中，AMG ONE（梅赛德斯 - AMG 旗下跑车）当数第一（如图 5-12 所示）。它是第一款运用 F1 技术打造的量产跑车，汇集了奔驰在 F1 赛车领域的多项最先进技术。搭载了一台 1063 马力 1.5tF1 发动机，同时，AMG ONE 在悬挂系统、刹车性能、空气动力学等方面也借鉴了 F1 赛车的先进设计。被称为世界唯一可以合法上路的 F1 跑车。它的成功上市，标志着 F1 赛车技术对传统的超级跑车的一次错维竞争。

图5-12　AMG ONE[1]

此外，奔驰轿车车型从高端到低端可分为 S 级、E 级、C 级、B 级、A 级等。奔驰采取的方法是先为其顶级车型配备最尖端的技术，随后再使这些技术逐渐向低级别车型过渡。比如，S 级作为其在轿车领域的旗舰，首先获

1　官网：https://www.mercedes-amg.com/en/vehicles/amg-one/hypercar.html。

得最先进的技术与市场推广，接着这些先进元素逐渐被引入 E 级、C 级等车型中。

未来的竞争将不再限制于同品类之间，清晰地认识到事物专业水平的势能差异，能够帮助品牌更好地找到合适自己的竞争对手与竞争区域。现在，诸多品牌已经开展了跨界的发展之路，而最为重要的就是找到自身的专业势能向下"流动"的可能性。

价值势能与价值错维势能

第 1 章中我们提到，商业的本质就是品牌与消费者间的价值交换，当品牌自身的价值升高，不仅可以对同维的竞争对手构成竞争优势，还可以获得消费者的青睐。然而，现在的商业中，除了在单一维度上的强弱之外，由于更多维度的加入，也会让品牌获得更高的势能。

在传统超市购物时，我们好像习惯了没有服务的现实，习惯于自取商品后的自主结账。然而就是在这样的一个行业特性中，胖东来却悄然崛起。它被誉为"中国零售服务行业的天花板"。胖东来紧紧抓住了消费者追求极致美好生活的需求，以高标准、人性化和关注细节的服务特点取胜，将这些优势发挥到极致，获得了同行的敬仰和消费者的认可。

为了方便带宠物的顾客前来消费，胖东来在卖场外为宠物主人提供了暂时寄放区，还为宠物提供了饮用水与排便袋，甚至还有宠物专属的急救铃。不仅如此，胖东来关注到了每一个消费者的痛点，甚至连最为普遍的购物车也不放过，竟然一口气提供了 7 种类型的购物车。

超市中的商品小贴士也是另一大亮点：胖东来在商品陈列处设置了温馨提

示，提醒消费者适量购买，强调理性消费。同时，还为各类商品注明了特点，甚至为消费者提供了购买和储存健康食品的小窍门，让购物过程更加愉悦。在果切专区，超市会按照水果的甜度为客户注明甜度序号，并建议顾客按照包装的顺序依次使用，才能有更好的口感。

胖东来对于顾客的关怀渗透到了每个细节，如在冷冻食品区为顾客提供手套，以便更好地挑选商品；设置圆筒以降低冷柜转角的尖锐度，以防止顾客受伤。在水产区提供免洗消毒液，方便顾客清洁双手；还在超市外的餐饮区提供了爱心围裙、纸巾等贴心服务。吃完榴梿害怕嘴里有味道？没关系，胖东来已经为你提前考虑到了。

所有空间一尘不染，所有员工都会主动帮顾客解决问题，不找任何借口。在胖东来你可以深切地感觉到，每个员工都是发自内心希望给你提供贴心的服务。

胖东来（如图 5-13 所示）的成功在于预见并满足消费者的需求，并为客户提供了更多维度的价值。通过在传统超市的基础上加入新维度（服务）价值，不断超越顾客对于满意的边界，因此胖东来赢得了消费者的尊重和员工的忠诚。在这家零售店的成长过程中，"用真品，换真心"的服务理念深植于每位员工心中。20 年的积淀使胖东来脱颖而出，赢得了业内的极高声誉，连小米创始人雷军都对其赞誉有加："胖东来，在中国零售业是神一般的存在！"

不难发现，当品牌能够融入全新价值维度时，其对于行业的改变以及对于消费者的影响力是天翻地覆的。我们似乎开始察觉到，品牌提供的并非单一价值，而是一个由众多维度组合而成的价值系统。那么我们是否可以通过错维的方式，来调整品牌的价值系统，从而使其在未来的同维竞争中脱颖而出呢？我们将在第 7 章深入地探寻价值势能的奥秘。

图5-13　胖东来[1]

5.4　做事先做"势"，与高势能的事物连接

西汉《盐铁论》中称："富在术数，不在劳身，利在局势，不在力耕。"意思是创造财富在于方法，不一定要靠体力获得；获得利润关键在于审时度势顺应局势，这同样适用于商业领域。显然，当我们打算做一个新的品牌，或介入一个新的领域时，如果没有势能的帮助，就会深陷同维的消耗战中不能自拔。所以，做事先做"势"，当我们的品牌不具备势能时，做事就如同挑着百斤的水桶上山一样困难，相反，当我们的品牌具备了更高的势能，做事就会像山中的水库开闸放水一样，水到自然渠成。

"势"在人为，做事先做"势"。关于"势"，有时我们可以通过内在的提升获得，有时也可以通过与高势能的"事物"连接。所以，创业者需要懂得用恰当的方法去"用"势与"借"势。操作方法很简单，首先，要能够清晰感知

1　照片。

到"势能"的存在，其次，要想尽一切办法与它们连接。

连接趋势

每个时代有每个时代的趋势，随着时代的日益更迭，企业如若不看潮流趋势，固执己见地坚持走自己的路，那么迟早会被整个市场淘汰。要想做到百舸争流，就要看准趋势勇于乘风破浪。"借"趋势，是每个创业者必修的课题。而关于趋势的应用我们在本章节已经谈了很多，这里就不再赘述。

连接高势能的人

名人、明星与我们品牌的连接，无疑是能有效地提升品牌的势能。到了香港，你也许会听到本地人说："留心点，下一秒你可能会在餐桌旁遇到偶像明星哦！"没错，香港许多 TVB 的明星经常光临一些富有年代感的茶餐厅，也正因如此，那些被明星打卡过的餐厅才会日日宾朋满座。

在商业领域中，有时一个成功的借势，足以让人成为传奇。故事发生在2008 年，那是一个中国私募界的传奇时刻。一位神秘的"私募大佬"以超过200 万美元的天价，获得了和巴菲特共进午餐的机会。当时他手握一家公司的股票，于是他毫不犹豫地向股神巴菲特推荐了这只股票。这次荐股可谓是大获成功，因为就算巴菲特最后没有因为他的推荐而买进，其股票还是在接下来的 4 个交易日里涨了近 24%！这给"私募大佬"带来了高达 1.3 亿港元的收益。但是，这也促使巴菲特制定了一条规定：在午餐时不讨论个股。

此外，行业的专家对于品牌势能也会有很好的提升，2021 年莲卡芙与玻尿酸之父、国际欧亚科学院院士凌沛学合作研发的口服玻尿酸一经推出遍受到市场的追捧。

连接高势能区域

相信很多人一开始听到"名创优品"这个名字，会认为他是一家日本企业，其实它是在广州创立的名副其实的"中国企业"。凭借日系的品牌设计调性，打造了小商品的集合门店。它邀请了日本三宅顺也担任首席设计师，完美地融合了优衣库、无印良品、大创三个品牌的特点，且产品物美价廉，借助了消费者对于日本小商品的优质印象，吸引了众多年轻人的目光，并成功地向全球市场拓展。如今名创优品已经在 100 多个国家及地区开设了超过 5700 家店铺。

无独有偶，借势"日系品牌"发力的品牌还有"味千拉面"。据了解，许多去过"味千拉面"的消费者也曾因店名以及满是日文的菜单以为这是一家日本拉面店，事实却是，味千拉面原创始于日本九州岛的熊本，后在 1996 年，潘蔚将其引入中国香港并创立了首家日式拉面的中国店，现如今已成为中国最大的快速休闲餐厅连锁经营商之一。

连接热点

借"热点"造势的行为关键考验企业营销部门的观察力、注意力，就像业界常说每个企业都不得不遵循"用户的注意力在哪里，营销的阵地就在哪里"的商业逻辑。因为人们的目光总是停留在那些热点新闻上，所以，吸引消费者眼球的惯用手段就是利用热点营销来撬动品牌传播势能。比如，杜蕾斯借势北京暴雨掀起了"鞋套事件"；王老吉在汶川地震之际捐款 1 亿元，瞬间引爆刷屏，其销量也随之势不可挡；蒙牛借力"神五"上天打出"航天奶"的口号。

连接高势能品牌

除了品牌联名、跨界合作外，善于使用品牌也是一种智慧。例如餐厅会使用奢侈品牌作为装饰品，或使用爱马仕的餐具；高端场所会使用劳斯莱斯、宾利等名车接送自己的客户；食品企业通过展示使用的品牌食材来提升自己品牌的形象等。

再者，成为知名品牌的服务商，也是不错的方式之一。在工程机械耐磨件领域，太阳耐磨件（SUNMACH）凭借不断创新的产品和完善的服务，收获了国内外众多领军工程机械主机品牌的"优秀供应商"称号，也因此收获了整个工程机械行业的青睐。

总之，"势"处处可寻，关键在于你如何使用。在激烈竞争的大环境下，品牌若能顺应时代、激流勇进，定能创造出雄伟的蓝图！

5.5 感知趋势与势能，让无形的水在心间流淌

当你作为创业者回首去看自己的成长之路时，你会发现，很多时候并非自己心里装的太少，而是承载了太多。贪、嗔、痴如同无形的围栏，阻碍了我们觉察商业世界的视角，使我们难以识破趋势的脉络，以及看清竞争对手间的优劣之"势"。在贪欲之下，我们总是渴求无尽的拥有，然而过分地追逐使

我们逐渐迷失；面对改变，嗔怒使我们坚决抗拒，导致我们无法顺应市场的波澜起伏；痴迷让我们对所钟爱之物越发偏执，满怀期望地盼望他人同样倾心，却忽略了消费者多元的需求。

待时而动，乘势而发

宏观势能与微观势能，犹如"无形的水"，悄然滋养着商业世界的勃勃生机。在宏观中，趋势宛如那江河湖海，汇聚着时代的浪潮，其壮观之势如同诗人描绘的瀚海无涯，广袤无垠。在这波澜壮阔的大环境中，商业机遇潜藏其中，待时而动，乘势而发。

而在微观中，我们与竞争对手的强弱关系宛如山涧中的溪流，时而缓慢，时而湍急。它们在细微之处汇成了不息的细流，无时无刻不在塑造着商业中的新的平衡。正如古人所言："细水长流"，在这看似微小的关系中，也蕴含着无穷的智慧与力量。无形的水，虽不可见，却实实在在地影响着我们的商业生态。我们需要在广阔的宏观趋势中捕捉时机，同时需要关注微观层面的变化。

苏格拉底的名言"我知道我一无所知"，不仅揭示了谦逊与自省的力量，更表达了一种对世界与知识的探索。这是一种内心的驱动，将我们引向真知的殿堂。当我们勇敢面对自己的无知，展开一场认知的冒险时，我们才能在商业的海洋中游刃有余。

当放空自我，我们内心就像是一片湖泊，它能够平静地映射出外界的变化，让我们真正了解所处的环境。只有在这样的状态下，我们才能与商业世界自由交融，成为掌控商业之水的智者。所以，我们要做的很简单，就是让无形的水在心间流淌，让水流指引我们顺势而为，奔流向前！

06 第6章
Wow Time! 错维的"哇噢时刻"

哇噢！你知道吗？公司楼下刚开了一家元宇宙风格的咖啡厅，还有很多知名艺术家的数字艺术品的巡展，好多人都抢着去拍照打卡！

哇噢！你知道吗？我昨晚跟几个朋友去了一个街边的苍蝇馆子，你无法想象一个那么破的店里，厕所竟然是五星级的！

哇噢！你知道吗？咱们家附近的棋牌室，提供接娃放学和带娃的服务了，我上次打牌回来的时候，人家愣是把我们一家的晚饭做好了，非要免费给我打包！

哇噢！你知道吗？我在短视频平台上找到一款高转速吹风机，品质跟戴森很接近了，但价格只要199元，你快去抢，昨天刚开售就断货！

哇噢！你知道吗？客户带我去了一家宫廷风餐厅，完全模拟了古代达官贵人宴请及宫廷宴会的场景，而且有几百套唐装、汉服给你选择，不仅可以近距离感受歌舞，还可以跟朋友一起吟诗作赋，真的太妙了！

6.1 发掘品牌的"哇噢时刻"

不经意间你会发现，生活总会时不时地给我们送来一些"哇噢（Wow）"！当我们发现身边的事物令我们难以置信时，一定发会发出一声"哇噢"，仿佛这才是对超越我们认知的事物最好的回应。

我们可以称之为"哇噢时刻"。英文我们可以理解为"Wow Time"，难以置信的时刻。如果你希望了解自己的错维方式是否成功，关键的衡量标准就是其能否引发"哇噢时刻"！

现在的丰田研发实验室门口写着一行字："Make a Wow as a Standard"（以"哇"为标准）。"哇噢时刻"是用户感到超级惊喜的时刻，是用户真正发现产品内在超预期价值的时刻。换句话说，产品不再只专注于卓越品质，而是全力打造用户口碑的尖叫感，将新用户变成品牌的超级用户和传播者，从而引爆产品销量持续增长。

什么是"哇噢时刻"？

"哇噢时刻"（Wow Time），我们可以称之为错维感，是指当消费者在接触某个错维的事物时，由于其出人意料的特点和创意，产生的一种超出预期的惊喜感。由于"事物"发生了错维，而形成了一种非常强烈的反差感。我们可以将这种感觉理解为一种"认知重构"，就是当人们面对这种创新的、颠覆性的体验时，他们的原有的认知结构被打破，产生一种深度的震撼和惊喜。

就如同，当我们正在繁华的城市中心喝咖啡时，抬头看向窗外的一瞬间，却出现了一只远古的霸王龙（如图 6-1 所示）。

图6-1　恐龙咖啡[1]

在商业中，这种震撼和惊喜使得消费者对品牌产生强烈的好奇心，愿意去主动了解、体验和探索，这也使得品牌具有了强大的吸引力。此外，"哇噢时刻"由于极具颠覆性，往往能够激发消费者的强烈分享欲。消费者会因为这种体验感到兴奋和满足，愿意将其分享给自己身边的朋友，从而形成强大的口碑效应。

"哇噢时刻"为什么至关重要？

为什么"哇噢时刻"如此关键，这需要我们从《思考，快与慢》书中的两

1　AI生成图。

个系统中找到答案。《思考，快与慢》这本书由诺贝尔奖得主丹尼尔·卡尼曼[1]所著，主要讲述了人类思考的两种模式：系统1（快速思考）和系统2（慢速思考）。系统1和系统2（如图6-2所示）是作者用来描述人类大脑中两种不同的思维方式的概念。

图6-2　系统1与系统2

系统1（快速思考）：系统1是一种快速、直观、模板化、自动化的思考方式。它帮助我们做出日常生活中大部分的决策。由于系统1在我们的生活中非常重要，我们的大脑自然而然地倾向于使用这种思考方式。我们大脑使用系统1的场景如下：

想象你正走在一条安静的街道上，突然从一个小巷子里冲出一只狗，瞬间你的心跳加速，身体紧张。这是你的大脑系统1的直观反应，它让你在面临潜在危险时迅速做出反应。然而，当你仔细看了看那只狗后，发现它只是一只友善的拉布拉多犬，你的紧张感消失了。

1　丹尼尔·卡尼曼，Daniel Kahneman，心理学教授，2002年诺贝尔经济学奖获得者，《思考，快与慢》的作者。

系统 2(慢速思考)：系统 2 是一种慢速、深入、需要投入更多精力的思考方式。它在我们处理新奇复杂的问题、分析数据或进行逻辑推理时发挥作用。我们大脑使用系统 2 的场景如下：

想象你正在筹备一场婚礼，你需要考虑很多事情，如邀请哪些人、预订什么样的场地、安排哪些活动等。你不能仅凭直觉做决策，而需要花费大量时间去了解各种信息并权衡利弊。这就是你的大脑系统 2 在起作用，通过慢速、深入的思考来帮助你做出更明智的选择。

系统 1 和系统 2 之间存在着密切的联系。系统 2 是理性、慢速和分析性的思考，而系统 1 是直观、快速和自动化的思考。当我们进行复杂、需要深度思考的任务时，系统 2 会主动介入，提供更加严密的逻辑分析。随着时间的推移，当某个任务开始变得熟练和自动化时，系统 1 逐渐接手，使得我们能够在日常生活中快速做出反应。

就比如，当我们刚开始学习开车时，需要集中注意力在每一个动作和判断上，这是系统 2 在起作用。然而，随着时间的推移，我们变得越来越熟练，开车的过程变得自动化，这时系统 1 开始发挥作用。

因此，可以说系统 2 是系统 1 的主要信息来源，随着经验和技能的积累，系统 1 的快速直观反应很大程度上是基于系统 2 所完成的分析和判断。这两个系统相互作用，共同支持我们进行决策、解决问题以及完成各种任务。

在消费的过程中，我们往往将同类与无差异的商品，归为系统 1 处理，系统 1 会很快做出反应，并用固有认知来处理商品信息。而品牌中常常说到的心智模式就类似系统 1，我们会将同类的品牌归纳在一起，或是形成心智的阶梯，如果某品牌是后进入的模仿者，系统 1 往往就会将其排除在人的心门之外，或者放在心智阶梯的末端。所以，想要快速引起消费者的注意，就必须激活"系统 2"，而能否创造出"哇噢时刻"就成了关键因素。

品牌超引力四感模型，让消费者疯狂爱上你的品牌

好的创意与超预期的价值，可以在短期内，在同维或同场景的产品中制造出相对稀缺性，从而导致消费者趋之若鹜。有些品牌的"哇噢时刻"，只能让品牌热度持续很短的一段时间，而有些品牌却利用"哇噢时刻"让品牌获得持续性的增长，就比如，喜茶在对产品升维之后，获得了大批的受众，喜茶通过灵活排队制造稀缺等营销方式，成功将自己的估值做到超过 600 亿元。

都是"哇噢时刻"，为什么大家的结局并不相同呢？那是因为优秀的品牌能够有效地运用错维感所带来的消费者"吸引力"，运用多个环节的设定，将"吸引力"多次放大，并能够深度地调动消费者的情绪，最终再次触发"错维感"，形成一种螺旋式上升的吸引力闭环。我们可以给这个闭环取一个好听的名字——品牌超引力四感模型。超引力，是因为通过这个模型可以使"吸引力"放大，而四感是因为这个模型是由四个不同感受构成的，即错维感、稀缺感、付出感、上瘾感。

品牌超引力四感模型（如图 6-3 所示），每种感受之间都是环环相扣的，错维感（"哇噢时刻"）吸引顾客的注意力，稀缺感让顾客趋之若鹜，付出感让顾客对你的品牌的好感迅速升温，而上瘾感让顾客为你的品牌着迷，并愿意持续关注你的品牌。

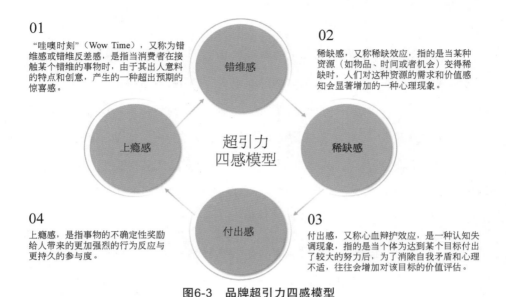

01

"哇噢时刻"（Wow Time），又称为错维感或错维反差感，是指当消费者在接触某个错维的事物时，由于其出人意料的特点和创意，产生的一种超出预期的惊喜感。

02

稀缺感，又称稀缺效应，指的是当某种资源（如物品、时间或者机会）变得稀缺时，人们对这种资源的需求和价值感知会显著增加的一种心理现象。

04

上瘾感，是指事物的不确定性奖励给人带来的更加强烈的行为反应与更持久的参与度。

03

付出感，又称心血辩护效应，是一种认知失调现象，指的是当个体为达到某个目标付出了较大的努力后，为了消除自我矛盾和心理不适，往往会增加对该目标的价值评估。

图6-3　品牌超引力四感模型

6.2　品牌超引力四感模型——错维感

　　在品牌超引力四感模型中，错维感无疑是最为引人入胜的一种感知体验。它打破了常规的思维维度，将品牌引领至一个全新的境界。错维感，就像是一场跨越时空的冒险，让人在惊喜与探索中感受到品牌的无限可能。当品牌跳出原有的维度，融入更多元化的价值和创意，便让同样的事物获得了重生的机会。可以说，错维感，正是品牌超引力的核心所在，它让品牌超越平凡，成为打开流量之门的钥匙。

错维感：引爆营销的导火索

在上一节我们了解到人的思考的两种系统。值得注意的是，对于新品牌或相对弱势的品牌而言，只有激活大脑的系统 2，才能够有希望进入消费者的大脑的特殊通道（快车道）。在制造错维感方面，错维势能与错维创意都能很容易地打开消费者心门。错维势能为消费者在消费的体验中，增加了超越预期地价值体验。例如，五星级的饭厅才花了一星级的价格。而错维创意，是最直观地冲击了消费者的感观，全新事物的形态颠覆了我们固有的认知，例如，我们看到路人把一个喝完水的杯子直接吃掉，会感到非常惊讶。

这些新奇的事物所带来的"好奇心"，会很快获得我们大脑的系统 1 介入（主动了解），但在很短暂的时间后，系统 1 发现这些事物自己无法解释，同时就会迅速地激活系统 2，增强对新事物的注意力，参与分析。由此看来，"哇噢时刻"更像是那把能够打开消费者心门的钥匙。

在商业的世界中，营销的本质还是基于与消费者产生连接后的一系操作。然而在一个信息不断狂轰滥炸的时代，毫无新意的内容甚至都不会让消费者多瞟一眼。试想一下，一个品牌不能够激起消费者的任何兴趣，你的一切营销活动都是毫无意义的（即使你的折扣力度再大），消费者会认为"你与我无关"。

而错维感（"哇噢时刻"），就是那个能够开启你与消费者深度交流的敲门砖，它就像是一个上门推广产品的推销员，你至少也要等客户开门后才能开始介绍，对吗？在品牌超引力四感模型中，我们会逐步了解到稀缺感、付出感、上瘾感的独特"魔力"，它们都是能够很好地抓住消费者内心的方式。但最重要的并非这三种方法，而是让人愿意主动了解你的"哇噢时刻"——错维感。"哇噢时刻"等于整个模型中的"1",而其他三个"感觉"如同"1"后边的"0"。

然而,很多企业在运用错维构建新的价值系统或创意后,会发现消费者并没有引发"哇噢时刻",这可能是品牌在两个方向上没有突破消费者心里的预期值,即在价值层面,消费者完全没有感受到超越同维竞争对手的高势能体验;或品牌创意层面,消费者认为商家的创意只是比同类做得更好,并没有跳出原有的认知,构成颠覆的创意。

所以,即便企业感觉自己的错维方式再好,也不要陷在自嗨的沼泽之中,因为自己认为的超预期,与消费者真正能感知到的超预期还是两码事。"哇噢时刻"其实给了创业者一个很好的衡量标准,拉近了自身与消费之间的认知距离。所以企业或品牌在制造出自己的"哇噢时刻"时,需要经过一个测试阶段,反复地验证消费者对于这个"哇噢时刻"的反应,并持续地调整与改进。

6.3　品牌超引力四感模型——稀缺感

鲁迅曾在《藤野先生》中写道:"大概是物以稀为贵罢。北京的白菜运往浙江,便用红头绳系住菜根,倒挂在水果店头,尊为'胶菜';福建野生着的芦荟,一到北京就请进温室,且美其名曰'龙舌兰'。"

鲁迅先生的这一小段文字,向我们展示了那个时代的"稀缺"景象。你有没有发现,凡是一谈到"稀缺"或"限量",人们购买的兴头就上来了,而这样为"稀缺"疯狂的情景从古至今每天都在上演。

2021 年 12 月 29 日凌晨 3 点，上海迪士尼门外已经聚集了超 5800 人，甚至传闻有人竟因为排队憋到尿血，真的是太疯狂了！显然他们并不是简单为了尽早入园游玩，而是为了一款限量版玩具——达菲和朋友们。然而，随着时间的推移，游客们变得越来越焦躁。在应对如此庞大的客流时，迪士尼园区的三家商店也陷入了困境。他们甚至不得不要求游客暂停排队，以免出现意外。迪士尼玩偶的火爆程度达到了前所未有的地步，以至于有人愿意用飞天茅台来换购这些限量版玩具。这样的场景，让我们看到了人们内心对于"稀缺"的渴望。那么什么是稀缺感呢？

稀缺感：物以稀为贵

稀缺感源自稀缺效应（Scarcity Effect），这个概念主要来源于罗伯特·西奥迪尼（Robert B. Cialdini）的研究。罗伯特·西奥迪尼是美国社会心理学家，擅长研究人类的说服和影响力。他在 1984 年出版的著作《影响力：如何轻易说服别人》（*Influence: The Psychology of Persuasion*）中详细介绍了稀缺效应这一概念。

稀缺效应指的是当某种资源（如物品、时间或机会）变得稀缺时，人们对这种资源的需求和价值感知会显著增加的一种心理现象。换句话说，人们通常更加渴望那些难以获得的东西。我们亦可称之为稀缺感。

稀缺感可以解释为什么限量版商品和独家发售等营销方式能够吸引消费者。在这种情况下，稀缺性使得这些产品显得更具吸引力和价值。稀缺感存在的原因：

（1）损失规避：人们往往对避免损失的行为更为敏感。当资源稀缺时，人们更担心错过拥有它的机会，从而更愿意采取行动避免损失。

（2）独特性追求：人们倾向于追求稀缺资源，因为它们能够使个体在社会中脱颖而出，显示出一定的独特性和地位。

（3）竞争心理：稀缺资源会激发人们的竞争意识，让人们产生"如果我不行动，别人就会得到它"的念头，从而促使人们更积极地争取稀缺资源。

（4）稀缺性导致的高品质感知：人们往往认为稀缺的东西品质更高、价值更大。这种认知可能源于"物以稀为贵"的心理定式。

同样，品牌可以采用多种方法来制造稀缺感，以吸引消费者的注意力和购买欲望。以下是一些常见的策略，配以实例进行说明。

1. 限时限量产品

品牌可以推出限量版产品，以提高产品的独特性和稀缺感。例如，耐克经常发布限量版的板鞋，这些鞋款通常以独特的设计和数量有限的发售而受到追捧，甚至你必须前往发售门店抽签，才能知道自己是否有资格购买。

2. 独家发售

品牌可以与某些渠道或平台达成独家合作关系，使消费者只能通过特定途径购买产品。例如，某些电影只在Netflix（美国奈飞公司）平台独家上映，使观众为了观看这些电影而订阅Netflix服务。

3. 产品定制化

品牌可以提供个性化定制服务，使消费者购买到独一无二的产品。例如，劳斯莱斯非常重视客户的个性化需求，提供高度定制化的服务。消费者可以根据自已的喜好选择车辆的外观、内饰、配置等方面的细节。这种个性化的定制服务使得每辆劳斯莱斯汽车都成为独一无二的艺术品，进一步提升了其稀缺价值。

4. 缺货营销

如果说买到限量版的商品用来炫耀分享，是一种客户主动营销的方式，那么将买不到货的惨痛经历公布于众也会达到同样的营销效果。比如，一些高端珠宝品牌会限制门店的库存量，使消费者产生总是订不到货的错觉，增强了紧迫感和购买欲望。

在商业中就有诸多善于使用稀缺感的品牌，Supreme[1]就是其中一员。无论是在时尚圈还是在街头潮流界，Supreme 都堪称一个传奇。这个来自纽约的潮牌，自 1994 年成立以来，就凭借其独特的稀缺效应策略成功地在全球范围内掀起了一股 Supreme 狂潮。

Supreme 的发售方式堪称独具匠心。每年，它只发布有限的几个系列，而每个系列又分为多个小批次定期发售。为了购买到这些令人趋之若鹜的产品，粉丝们必须密切关注发售时间，并在指定的时间抢购。为了确保公平，每次发售的商品数量都被严格限制。在这种情况下，产品的稀缺性达到了顶峰，使得许多人为了购买到心仪的 Supreme 产品而拼尽全力。

比如，Supreme 与一家知名运动品牌联名推出了一款限量版鞋款。发售前，Supreme 的官网和社交媒体都进行了大力宣传，公布了具体的发售日期。这个消息一经发布，立刻在粉丝圈内引发了轰动。最终到了发售日，天还没亮，Supreme 门店外已经排起了长龙。有些粉丝甚至从前一天晚上就开始守候在门店外，只为能确保买到这双限量鞋款。随着发售时间的临近，人潮越来越

1　Supreme是英国人Jame Jebbia在美国纽约创立的品牌。

多，场面非常壮观。就在发售时间一到，人们纷纷冲进门店，争相抢购。而由于限量的原因，许多人抢购失败，不禁感叹 Supreme 产品的真是一件难求啊！

在这个过程中，Supreme 成功地通过稀缺感吸引了大量粉丝的关注。这种稀缺感使得 Supreme 的产品变得更加珍贵，让每一次成功购买的经历都变得越发难忘。人们甚至为了炫耀自己拥有的 Supreme 单品而在社交媒体上晒出照片，从而进一步增加了品牌的曝光度和话题性。如此巧妙地利用稀缺感，正是 Supreme 成功塑造品牌神话的关键所在。

品牌在成功打造"哇噢时刻"之后，并不是一味去卖货，而是需要让产品具备稀缺感，让消费者对于你的品牌的好感持续升温。然而，制造稀缺感方法都是基于消费者对品牌稀缺性的高度关注和渴求，从而提高销售业绩和品牌知名度。过度使用稀缺感可能导致消费者的抵触心理，因此要适度运用。

6.4 品牌超引力四感模型——付出感

罗密欧与朱丽叶的爱情故事是我们儿时就时常听到的，他们是莎士比亚笔下的悲剧爱情故事中的一对主人公。他们分别来自维罗纳的两大家族——蒙太古和凯普莱特，这两大家族世代为敌。罗密欧与朱丽叶在一个舞会上邂逅并坠入爱河，但因家族恩怨而不能公开相爱。在一系列悲剧事件后，他们决定秘密结婚。然而，他们的家族恩怨逐渐升级，导致罗密欧被放逐，朱丽叶为逃避与他人的婚约服用短暂昏迷的药剂。由于计划失败，罗密欧误以为朱丽叶已死，于是在她的墓前自杀。朱丽叶醒来后发现罗密欧已死，也选择了自杀。最终，这对恋人的悲剧死亡促使两个家族和解，结束了长久的仇恨。

这种越难越爱的场景，被后人称之为罗密欧与朱丽叶效应（Romeo and Juliet Effect），是一个心理学术语，指的是当一对恋人受到来自父母或社会的反对时，他们的爱情反而会变得更加强烈的现象。

付出感：为什么总会爱你更多？

然而越难越爱不仅仅出现在爱情中，在人们的日常生活中，这种情景也是时常出现的。无独有偶，美国心理学家埃琳·阿伦森（Elliot Aronson）在20世纪50年代提出了心血辩护效应。阿伦森在一系列实验中发现，当个体为某件事物付出较大的努力时，他们会倾向于将这件事物视为更有价值。我们也可以将其称为付出感。

付出感可以解释为什么当我们付出越多心血和努力时，就越倾向于认为所付出的努力是值得的，即使结果可能并不理想。这种心理机制使我们在面对挫折时更容易维持自尊心和自我价值感，从而避免认为自己的付出是白费。在现实生活中，这一效应广泛存在于学习、工作、人际关系乃至商业等多个领域。

以宜家家居（IKEA）为例，其一直以超高的性价比著称，但拥有一件精美的家具之前，消费者必须手工组装（付出了额外的努力）。购买宜家家具的消费者在拿到家具后，需要花费时间和精力阅读说明书、寻找零件，甚至可能还需要为组装过程中出现的问题而费心。正是因为付出了这些努力，消费者在完成家具组装后会感受到一种成就感，这会让他们觉得自己的付出是有价值的。

这种付出感使得消费者对宜家家具的满意度和忠诚度大为提高。因为人们为了证明自己的付出是有意义的，会对组装好的家具产生更强烈的好感，并且认为其价值较高。这也正是宜家家居品牌的成功之处。通过让消费者亲身参与家具的组装过程，它赢得了消费者的认同和忠诚，使品牌在市场上取得了竞争优势。

显然，人们会对付出努力的事物产生更高的价值评估。在品牌营销中，利用付出感可以提高消费者对品牌的满意度和忠诚度，也会更好地增强与消费者的亲密关系。在品牌的"错维感"火爆之后，要善于从各种维度来设定门槛，主要可以从三大维度来思考，即时间、精力、金钱：

（1）你需要对品牌付出时间成本，即使能够马上给你，但也需要让你耐心地等待 2 个月的时间。

（2）精力与体力的付出也是必不可少的，有些品牌需要消耗大量精力关注它的实时动向，凌晨 4 点开启预约，不仅在网上抽签，甚至需要去现场排队 N 小时，当你感觉自己身体快要被掏空时，梦寐以求的产品才会出现在你的面前。

（3）当然最重要的一点是，想尽办法掏空你口袋中的钞票。除了高昂的售价，品牌往往会使出"配货"的必杀技，想要得到 A 商品吗？那么你需要购买 B、C、D、E、F、G……

在制造付出感方面，绝对是诸多国际奢侈品牌的看家本领。爱马仕的包袋，尤其是那些限量款或铂金包，向来备受追捧。这些包袋不仅价格昂贵，而且需要经历一系列复杂的购买过程。购买者必须先成为品牌的会员，然后根据会员等级，等待一个相对较长的时间，方可获得购买资格。同时，爱马仕还要求购买者购买其他附属产品，如围巾、饰品等，以证明他们对品牌的忠诚。消费者在付出巨额金钱、时间和精力之后，对自己购买的产品产生了一种深刻的付出感，从而使他们更加珍惜和自豪。

当然，既然谈到付出感，怎么可以少了法拉利这样一位老牌"选手"呢？法拉利 Daytona SP3（如图 6-4 所示）是一款极具传奇色彩的跑车，旨在纪念品牌在 1967 年获得的许多跑车比赛胜利。这款车的产量非常有限，不仅价格昂贵，还需要满足一系列严格的购买条件。

图6-4　法拉利Daytona SP3[1]

首先，购买 Daytona SP3 的消费者需要是法拉利的 VIP 客户。通常情况下，只有已经拥有一定数量法拉利车辆的消费者才有资格成为 VIP。成为 VIP之后，消费者还需要保持一定的购车频率，持续展现对品牌的忠诚和热爱。其次，品牌会根据消费者的购车历史、活动参与度以及品牌贡献等因素，决定是否邀请他们购买 Daytona SP3。这意味着，即使是 VIP 客户，也不一定能够获得购买资格。最后，购买 Daytona SP3 的消费者还需要接受品牌方的专属邀请，参加一系列私密活动，如法拉利赛车比赛、法拉利俱乐部活动等。这些活动不仅有助于增进消费者与品牌的联系，还能让消费者在同好之间分享自己的购车体验。而法拉利表示该车型将首先对自己其他的限量车型的车主开放名

1　官网：https://www.ferrari.com/en-EN/auto/ferrari-daytona-sp3。

额。这简直就是要把"门槛"玩到爆炸了！

通过这些门槛，法拉利成功地为 Daytona SP3 创造了稀缺感和独特性。消费者为购买这款车付出了昂贵的价格、时间和精力，因此他们在心理上对这款车产生了更深厚的情感，进一步提升了法拉利在消费者心中的价值。

总之，爱马仕和法拉利通过设置购买门槛和要求消费者付出多种形式的投入，有效地运用了付出感。这些品牌的消费者在经历了这一系列过程之后，不仅没有厌恶，恰恰相反，他们对购买的产品产生了更深厚的情感，从而提升了这些品牌在其心中的地位。

不仅仅是大品牌，就算只有一家门店的新创品牌也可以用好付出感，为自己的品牌提升热度。Jeju 是一家位于上海的知名韩国餐厅，其独特的预订制度使其成为最难预订的餐厅。这家餐厅以精致的韩式料理和独特的就餐环境为特色，为了保证每位顾客的用餐体验，Jeju 限制每日接待的客户数量，每天只有 10 个位置，分为两个时段供顾客选择。

要想在这里用餐，顾客首先需要提前 6 个月关注 Jeju 的公众号。每月 15 号凌晨，餐厅会开放预订通道，让顾客进行抢位。由于位置有限，竞争非常激烈，通常在短短 1 分钟内，一个月的位置就会全部抢光。另外，一个人的账号在同一时间段内只能预订两次，确保更多的顾客有机会品尝到这家餐厅的美食。

Jeju 通过严格的预订制度和有限的位置，成功营造了付出感，让顾客更加珍惜这一难得的用餐机会。这样的方式不仅使得餐厅的口碑越来越好，还让更多的人趋之若鹜，希望能够一品 Jeju 的美食。在这个过程中，顾客们付出了关注、时间和耐心，从而在心理上对 Jeju 产生了更深厚的认同感和情感，进一步提升了餐厅的品牌价值。

最后，无论什么品牌，付出感都是十分受用的。但对于企业而言，需要精准地拿捏消费者所需要付出的"度"，因为当品牌自身的吸引力不足时，过高的门槛，反而会使自己深陷有人问津，却无人愿意购买的窘境。在营销的初期，可以采用较低一些的门槛作为尝试，在人流量开始增加后，再适度地调节。

6.5　品牌超引力四感模型——上瘾感

在日常生活中，不知道你是否有过这样的体验，徘徊在刮奖的柜台前，总是不愿意离去，总觉得下一次能够中大奖；面对总是收集不齐的盲盒一直焦躁不安。这里需要抱歉地通知你，你已经"上瘾"了。为什么很多事物会带给我们这种类似的感受，在下面这场经典的实验中，谜底即将揭晓。

斯金纳箱（Skinner Box）（如图 6-5 所示），是由著名心理学家 B. F. 斯金纳（B. F. Skinner）设计的一种实验装置，用于研究动物（通常是老鼠或鸽子）在特定条件下的行为反应。斯金纳箱实验的核心概念是操作性条件作用（Operant Conditioning），即通过强化或惩罚来塑造或改变动物的行为。

有一天，斯金纳教授正在进行一项有趣的实验，试图了解老鼠在面对确定性与不确定性奖励时的行为表现。实验开始时，教授将两个斯金纳箱分别设置为确定性奖励和不确定性奖励。在确定性奖励箱子里，每当老鼠按下杠杆，它就会得到一粒食物；而在不确定性奖励箱子里，老鼠按下杠杆后，有时会得到或多或少的食物，有时却一无所获。

图6-5　斯金纳箱[1]

教授让两只老鼠分别进入这两个箱子，并观察它们的行为表现。起初，两只老鼠都努力按下杠杆，试图得到食物。在确定性奖励箱子里的老鼠很快就学会了，只要按下杠杆，就能得到食物。它非常满足地按照这个规律享用美食。

然而，在不确定性奖励箱子里的老鼠却展示出了不同的行为。虽然它偶尔也能通过按下杠杆获得食物，但是这个过程却充满了不确定性。有趣的是，这只老鼠变得越来越专注于按下杠杆，似乎被这种不确定性所吸引。每次成功获得食物时，老鼠都会感到非常兴奋，而失败时则更加刻苦地按下杠杆，试图在下一次获得奖励。

不难发现：在面对不确定性奖励时，老鼠表现出更强烈的参与意愿和持续行为。这种现象不仅在老鼠身上出现，甚至在人类的行为中也有所体现。这就是斯金纳箱实验为我们揭示的有趣现象：不确定性奖励的吸引力。而本节所谓的上瘾感，就是指事物的不确定性奖励给人带来的更加强烈的行为反应与更

1　AI生成，原创。

持久的参与度。类似地，诸多在线游戏都善于运用不确定性的奖励，如开宝箱不确定性发放礼品、不确定性的抽奖活动、不确定性的队友等，当你时不时地都想查看一下游戏软件时，你已经在不经意间上瘾了。

上瘾感：让顾客戒不掉你的品牌

在商业中上瘾感也常被应用，在日本就有这样一个奇葩百货，运用不确定性的机制，将一个杂乱的超市，运作成日本最大的综合免税百货店，这就是堂吉诃德百货（Don Quijote）。与我们眼中那种感觉整洁的超市形象恰恰相反，这里杂乱至极——乱到你身处其中很难找到商品，走廊过道拥挤不堪，连上个厕所都被产品包围。那么，你还有进去购物的欲望吗？

日本的堂吉诃德百货（如图6-6所示）更像一家跟顾客"对着干"的百货店，似乎哪哪都不为顾客着想，但神奇的是，这家店却偏偏做到了业内前十名，利润连续增长30多年。2017年销售额高达571亿元人民币，2020年销售额更是高达1000亿元人民币，成为日本收入排名第4的零售企业。

图6-6　日本的堂吉诃德百货[1]

1　官网：https://www.donki.com/en/about/。

不过在这样的情况下，顾客在购物过程中体验到了不确定性的乐趣，每次发现一样新奇的商品，都让他们越发上瘾。而这种不确定性效应使得顾客愿意花费更多时间在店内探寻，进而提高了他们的购买意愿。

当你来到堂吉诃德百货购物，原本只是想买点化妆品和生活用品。但当你走进店内，立刻被琳琅满目的商品吸引。漫无目的地在店内徘徊，不时发现一些意想不到的好东西——一款日本限定的口红、一款你在其他商场从未见过的美容面膜等。

尽管店内拥挤且混乱，但这并没有影响你的购物体验。相反，你会觉得这种环境反而使购物变得更加有趣。这次购物，你买了许多意想不到的好东西，如一双设计独特的拖鞋、一款实惠又美味的零食等。在离开堂吉诃德时，你满载而归，心情愉快。

如此看来，堂吉诃德百货的成功之处就在于充分利用了不确定性原则，通过寻宝式购物体验激发顾客的好奇心和购物欲望。顾客在堂吉诃德的混乱环境中寻找"宝藏"，享受到了不确定性带来的乐趣。而这种体验最终让堂吉诃德在日本市场占据了一席之地，成为一家独具魅力的百货商店。

那么我们该如何增强自身品牌的不确定性，以达到让客户为你"上瘾"的状态呢？我们大致总结了以下三点：

1. 新品迭代

定期或不定期迭代自身产品，在发布之前始终保持神秘感。

苹果公司擅长运用新品迭代策略来制造不确定性，使消费者对新产品充满期待。在每年的苹果发布会前，苹果公司通常会对新款 iPhone 的具体配置、功能和外观设计保持高度保密。这种保密策略在一定程度上加大了消费者对新产品的好奇心和期待。当新款 iPhone 发布时，消费者往往带着极大的好奇和购买欲望。

此外，苹果每年都会迭代更新 iPhone，这种策略使得消费者始终关注品牌动态。每一代 iPhone 的推出，都会带来一些创新功能和技术，这些变化会激发消费者的好奇心，从而使他们对产品产生更强烈的购买欲望。

苹果在发布新款 iPhone 时通过保持神秘感和每年的迭代更新，成功地激发了消费者的更加持久的喜爱。这种方式在一定程度上有助于苹果品牌维持其市场地位和竞争力。同样也使得苹果在消费者心中始终能够保持一个年轻的状态。

2．不确定奖励

将顾客消费后的奖励机制由固定性变为不确定性，例如类似盲盒、抽奖等形式。

澳大利亚的知名连锁超市品牌 Woolworths（伍尔沃斯公司）在 2021 年与丹麦玩具巨头乐高（LEGO）展开合作，推出了一系列独家的乐高盲盒。此次合作是为了进一步吸引消费者，并通过这种创新的市场营销手段提高品牌知名度和客户满意度。

Woolworths 和乐高合作推出的盲盒产品包含了多款独家设计的乐高角色。顾客在购物时，每消费一定金额即可获得一盒免费的乐高盲盒。消费者在获得这些免费盲盒的过程中，会更愿意在 Woolworths 消费，从而促进消费者的购买欲望和品牌忠诚度。

此次活动受到了广泛关注，许多消费者对乐高盲盒表现出极大的兴趣。

Woolworths 的乐高盲盒产品采用了神秘的包装方式，激发了消费者的好奇心和探索欲望。同时，Woolworths 和乐高的品牌形象和价值观相互映衬，进一步提升了合作活动的影响力。

在活动期间，消费者可以与其他乐高爱好者交流分享，甚至进行角色交换。这种互动机制使得 Woolworths 的乐高盲盒产品不仅具有收藏价值，还具有社交属性，从而增强了整个活动的吸引力。

通过与乐高的合作，Woolworths 成功地为消费者带来了新颖独特的购物体验，同时也为品牌带来了更广泛的关注和良好口碑。这种盲盒营销策略可以视为一个成功的案例，将消费者的好奇心、惊喜感和社交需求融为一体。

3. 不确定场景

让品牌与消费者接触的空间或场景，具备可变性与随机性，从固定的门店形式，变成可以随着时间、产品主题或品牌联名活动而改变的体验式空间。

例如，当下较为流行的策展式商业的形式。策展式商业就是通过打造不确定的消费场景来吸引消费者。上海 TX 淮海年轻力中心，位于上海市黄浦区的淮海路，是一家针对年轻人的创意策展式商业空间。与传统的购物中心不同，TX 淮海的策展式商业强调场景式体验和文化创意，其宗旨在于为顾客营造一个充满艺术氛围和个性化的消费空间。每个品牌、设计师和艺术家都在这里展示自己独特的个性和风格，将各类元素融合到一起，构成了一个充满活力的创意生态。

常换常新的空间体验，也是策展式商业的重要魅力所在。年轻消费者可以尽情探索各种独立设计师的作品，享受各类艺术展览，还可以在精品餐厅品尝美食。这里还不定期举办各类文化活动和主题活动，为顾客带来更加丰富多样的消费体验。

总之，所有品牌与消费者接触的环节，都可以融入"不确定性的奖励机制"。在这时你会发现，我们由产品创造的错维感出发，在最后制造"上瘾感"时再一次回归到了"错维感"（新的产品与场景）。

然而除了让人欲罢不能的魔力之外，不确定性也是生活的美妙之处，也让我们的生活变得多姿多彩。电影《阿甘正传》中，阿甘说："妈妈总是说，生活就像一盒巧克力，你永远不知道下一块会是什么味道。"这句话成为电影的经典台词，并被广泛引用。这句话凸显了生活的不确定性，表达的是人们无法预测未来，每个人都会在生活中遇到各种各样的意想不到的事情。然而，在面对不确定性上，阿甘为我们做出了很好的表率，他虽然智力一般，但他始终坚信自己可以战胜困难，用积极的心态面对生活为他制造的种种挑战，这方面是值得我们每个人仿效的。

品牌超引力四感模型的解读已告一段落，我们能够看出这是一个开放式的，可以无限循环下去的"游戏"。然而，如何运用我们每个人的智慧创意出不同的四感玩法，才是更有趣味的事情。在最后，让我们以周星驰在《食神》电影中的一个经典桥段，作为本章的结尾。

他所饰演的食神"史蒂芬·周"在走投无路之时，与火鸡一起用濑尿虾和牛丸重新组合创意出了"撒尿牛丸"，没想到咬一口汁水可以喷涌而出的牛丸，竟然弹劲十足且美味。然而起初售卖结果却不尽如人意，没有人愿意主动尝试他们的牛丸，直到他们把价格改成免费，才有一个爱贪便宜的厌食症医院的护士拿走了一碗，万万没想到的是，牛丸竟然被厌食症患者吃到，并治愈了全院的厌食症患者……

当护士带领全院的厌食症患者冲进史蒂芬·周的摊位，准备来场免费的大餐时，却被告知牛丸已经开始涨价了。随之报纸铺天盖地地宣传，一个撒尿牛丸竟然治好了厌食症患者，来自四面八方的食客将他们的摊位围得水泄不通，摊位外排起了长队。一碗牛丸的价格也被炒到了 40 元。

当被新闻记者采访撒尿牛丸成功的秘诀时，史蒂芬·周只说了几个字："好吃，新奇，又好玩。"随后，他马上将牛丸抛向空中，开始与同事打起了乒乓球……在那个年代，我们似乎只感受到它是一部搞笑电影，但现在回头再看，有些情节却真的是耐人寻味！

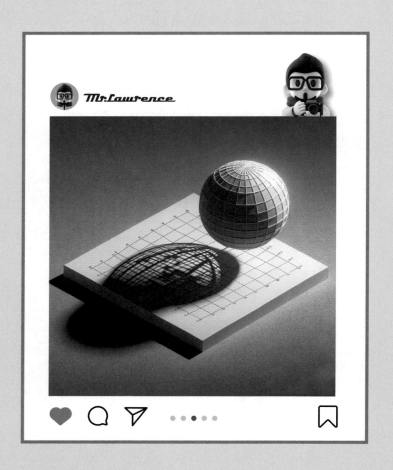

07 第 7 章
品牌可感知的
价值评分系统

长久以来，人们对于品牌都有不同的看法，有些人认为品牌就是定位，有些人认为品牌就是产品，有些人认为品牌就是体验。然而现在看来，这些说法虽有一定道理，却存在很大的局限性，因为每个人都只看到了多维品牌价值系统的某一个维度。也可以说我们看到的，只不过是品牌的多维价值系统在平面上的投影。

而现在，一个更加多维的竞争世界正在逐渐清晰起来。

7.1 品牌价值维度的拆解

随着人们对于商业认知的逐步提升，我们会感知到品牌能够为消费者提供的价值，正在从最初的单一维度，逐步拓展至多维度的价值系统。那么品牌将从哪些维度为顾客提供更多更好的价值呢？这一切应该回归到消费者的需求之中来思考。（如果我们提供的价值，并不在消费者的需求之中，或不能够被消费者感知，那么这样的价值可能是无效的。）

消费者的多维度需求

消费者的多维度需求应该如何洞察呢？马斯洛的需求层次理论便为我们提供了极好的理论参照。马斯洛的理论揭示了人的需求并非单一的，而是由五个层次组成：生理需求、安全需求、社交需求、尊重需求以及自我实现。他认为随着财富的增长，人的需求会从较低的层次逐步转移到较高的层次，但这并不意味着更高层次的需求出现后，较低层次的需求就会消失，人们往往会同时存在多个层次的需求。而在商业中，基于这五个层次的需求，我们也很容易找到与其一一对应的品牌价值维度（如图 7-1 所示）。

观察商业的发展史，我们可以发现，成功的品牌往往能找到消费者需求的多个维度，并在其中一到两个维度上做深做透，达到独特的价值主张。他们并不是在所有维度上都做到最好，而是在自己的优势领域内不断深化和提升，这种针对特定需求层次的专注和升维，是他们实现自我突破并赢得市场的关键。

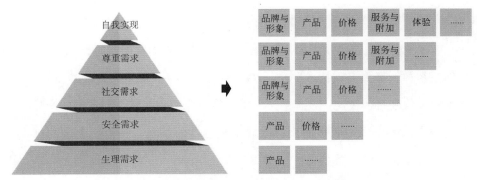

图7-1　马斯洛的层次需求理论与品牌价值维度

1. 生理需求对应产品维度

这也是所有价值系统中最为基础的维度，人们最初购买产品的原因，是产品可以给我们提供基础的物质需求。例如商业早期，我们购买食品、水、衣服等，都是为了满足自身温饱的基础生理需求。在这一时期，产品的基础质量和性能显得十分重要。你会发现很多新事物往往都是依靠出众的性能（产品力）出圈的，当然也不乏那些国际性的品牌。

谈到靠产品维度出圈的品牌，大疆无人机一定是不能绕开的话题。作为中国科技创新的代表品牌，大疆在全球无人机市场占据了约72%的份额。大疆曾被誉为无人机行业的"创新狂魔"，凭借领先的设计和技术推出了技术先进且价格亲民的众多无人机产品，使得竞争对手望尘莫及。

创始人汪滔，最初是出于兴趣制造一只能够自由悬停的遥控直升机，经过多年研究，开发出了飞行控制系统原型。随后，汪滔带领团队在技术上不断升级，推出了一系列备受市场欢迎的无人机产品，如XP2.0和XP3.1飞控系统、Ace one直升机飞控、WooKong-M多旋翼飞控以及具备划时代意义的大疆精灵 Phantom 系列。

极客的精神也是推动大疆持续精进的原动力。在面临困难时，大疆始终坚持创新精神，努力突破技术壁垒。产品不断迭代升级也是大疆能够抢占行业领先地位的基石，在这一过程中，大疆凭借出色的创新能力和丰富的产品线，在竞争激烈的市场中脱颖而出，取得了绝对性的胜利，获得了大量的订单，并跃身为行业巨头。

2．安全需求对应价格维度

当人们的基础需求得到满足，安全的需求就得以显现出来。我们渴望更加优质的产品，我们希望自己吃的食物更加健康，穿的衣服更加天然与舒适。这时候你会发现价格的高低，会将优质的产品与普通的产品区分出来。价格也是供需关系的杠杆，无时无刻不在调整消费者的购买意愿。早期的市场中，我们会认为高价格对应高质量，低价格对应低质量。而现在，高质量低价已初步成为新的趋势，有很多新进入的品牌，会借助这一方式完成行业的逆袭之路。

开市客 Costco 从 1983 年创立至今始终保持低调，但它的价格战略，使其快速地在全球 7 个国家成功开设了 750 家分店，年收入超过 1100 亿美元，与沃尔玛比肩，位居全球零售业的第二名。零售市场中充斥着无数竞争对手，让开市客时刻需警惕。然而，开市客所关注的并非如何赚取更多的利润，而是尽量降低利润，每件商品的利润仅为 1%～14%，并且推出了无条件退货政策，只要顾客不满意，即使是已经消费一半的产品，也能随时退货。

对于竞争对手来说，开市客已经在消费者心中占据了稳固的地位。正是这种独特的价格战略，使得开市客在零售市场中脱颖而出，成为无数企业的标杆。开市客的成功之道，源自坚持优质服务和让利给消费者的信念，这样的理念才使得开市客在这个竞争激烈的市场中长盛不衰，被誉为"零售业的奇迹"。

3. 社交需求对应品牌维度

人是群体性的动物，因此我们需要运用某些外在事物，来证明自己属于某一群体，或彰显自身在群体中的与众不同。品牌也就应运而生。此时我们希望自己所购买的服装，不仅仅可以保暖舒适，还需要服装来彰显自己的身份，和独特品位。我们会更在意，那些有强身份标签的人物（明星、贵族等）曾经穿过同款服装，或是服装品牌背后所要表达的独特的价值主张。

耐克作为运动服装品牌的巨头，与其跟 NBA 明星间的深度合作是分不开的。在 20 世纪 80 年代，当耐克与当时的新秀——迈克尔·乔丹签下代言合同，发布了名为"Air Jordan"的篮球鞋，它不仅彻底改变了篮球鞋的设计和功能，更是开创了一个崭新的市场，让球鞋和流行文化紧密相连。乔丹在球场上的卓越表现与其独特的风格，使得这双鞋迅速走红，不仅被篮球爱好者追捧，更是成为街头潮流的标志。

但耐克并不满足于此。随着时间的推移，它与更多的 NBA 明星，如科比·布莱恩特、勒布朗·詹姆斯等签约，将这种与明星的合作模式进一步完善，为品牌注入了源源不断的活力。对于大众消费者来说，穿着耐克不仅仅是为了运动，它也是一种精神的象征与强社交价值的展现。在这个社交媒体盛行的时代，人们更愿意通过品牌来表达自己的身份和价值观。耐克凭借其与 NBA 明星的深度合作，成功地为消费者构建了一个属于自己的社交圈子。当你穿着一双 Air Jordan 走在街上，你不仅是在展示你对篮球的热爱，更是在告诉世界你是一个有品位并敢于追求卓越的人。

4．尊重需求对应服务维度

尊重需求体现了个人对于自身价值、地位和成就感的关注。消费者希望通过购买和使用品牌产品时所获得的服务，得到认可和尊重。而服务的核心已经慢慢从品牌方主导，逐步过渡到以消费者为中心的方向。在整个服务的过程中，消费者更像是主人公的角色，他们希望自己能够主导自己所享受服务的每个细节，或品牌方可以先于自己的需求而提前规划好所有流程中的服务。

当传统的快捷酒店还在关注于为顾客提供一个干净且舒适的休息场所时，亚朵酒店已经开始拓展它的价值创新之路。相较于传统酒店只强调硬件上的配置，亚朵酒店更加注重的是顾客整体的服务体验。

亚朵酒店深知，顾客在酒店的每一个接触点都有可能塑造他们对品牌的整体印象。出于这个认知，亚朵将服务划分为 17 个细致的触点，并在此基础上发展了近 50 种服务产品，让每一个细节都为顾客带来惊喜。

例如，当顾客走进酒店，他们不会仅仅接到一张房卡，而是会被温馨地奉上一杯恰到好处的 70℃的温茶。这不仅仅是为了解渴，更重要的是给刚刚结束长途旅行的顾客带来一丝舒适与温暖。而在晚餐后，如果客人饮酒过多，酒店会主动为客人送上醒酒汤，让他们在工作或社交后能够得到良好的休息。对于那些清晨匆忙离店的客人，亚朵还会提前准备打包的早餐，确保他们即使在路上也不错过重要的一餐。而酒店内的"暖心水"服务更是让人难以忘怀，无论顾客何时回到酒店，都能在房间内找到一瓶维持在 40℃的温水，真实体验到了亚朵对客户的细心关怀。

简言之，亚朵酒店率先在快捷酒店行业增加了细致入微的服务维度，为顾客构建了一个全新且温馨的住宿体验，这正是它在众多酒店品牌中脱颖而出的关键。

5. 自我实现对应体验维度

体验可以理解为一种主观的、多感官的过程，它允许消费者通过直接参与和互动来获取信息，在体验之中，消费者不再是被动的接受者，而是积极的参与者，他们可以通过体验来获取自己独特的理解和全新认知。因此体验也可以被看作自我实现的"营养素"。所以你会发现在高级的米其林餐厅中，优质的食材以及服务都不是能够打动消费者的重要元素，富有创意性的感官体验才是能够引人入胜的利器。

在商业的体验中，迪士尼乐园可谓是名副其实的佼佼者。迪士尼乐园一直以其精心设计的沉浸式体验而闻名。它不仅仅是一个游乐园，而是一个充满故事和奇幻的世界，让参观者仿佛真的置身于迪士尼的电影和故事中。

当清晨的阳光透过晨雾洒落在童话城堡上，彩色的旗帜随风飘动，迎接着每一个激动不已的游客。偶尔，你还会看到一群孩子兴奋地围在米老鼠、唐老鸭的周围，渴望与童年的伙伴们来一次亲密合影。

不妨跟着孩子们来到体验一次"加勒比海盗"的快乐，享受一次特殊的旅程。你怀着激动的心情登上了等待已久的海盗船，并缓缓地穿梭于洞穴之中。杰克船长突然出现，并慷慨激昂地邀请你参与他的伟大计划："我们现在就去抢戴维·琼斯[1]的沉船宝藏！"此时，你似乎早已遗忘了自己的现实身份，成

1　戴维·琼斯（Davy Jones）是《加勒比海盗》里的反派角色、船长之一。

为一名久经战场的海盗，希望与杰克船长并肩作战。船以飞快的速度坠入深海之中，装满宝藏的沉船近在咫尺，巨型的乌贼突然掠过眼前，继续航行片刻，耳边慢慢萦绕起了人鱼动听的歌谣，如小山一样的宝藏也映入眼帘。你不禁感叹："太棒了！"

突然！鲨鱼守卫发现了你们的行踪，并告知了戴维·琼斯，一场激烈的海战在所难免。经典的电影背景音乐响起，再次睁开双眼时你已置身于激烈的海战中心，炮火不断袭来，船只快速驶过卷起的浪花打湿了你的衣服。在激烈的战斗之后，杰克船长获得了最终的胜利，并成功赢得宝藏。船员们随之欢呼起来，因为此刻的你们已经成为一名优秀的海盗。

迪士尼乐园的成功，正是源于它用心打造了这种沉浸式的游客体验，将游客带进一个个精彩纷呈的故事场景。让每一个游客能够身临其境，与童话世界的人物互动，获得高于物质的精神满足。这一点对于基础物质条件逐步得到满足的现代社会而言，无疑将是未来一大趋势。

你是几维品牌？

当了解品牌价值维度的变化后，或许你会感叹，自己的行业已经发展到了四维，或五维的系统，而你似乎还停留在产品与价格的二维系统之中。然而正是现在的这种"低维"的状态，限制我们在行业中的成长轨迹。

有趣的是，即使是品牌的理念已经被广泛地教育了半个世纪之久，大多数行业还处于产品与价格的二维世界之中，因此多数企业很容易在多维价值系统的竞争中，沦为价格战的主力。

构建多维价值系统的目的不仅仅是与对手竞争，更重要的是帮助品牌找到其独特的价值生态位置。这种高价值的系统能够改变现有的市场生态平衡，使品牌在行业中获得相对稀缺的属性，从而脱颖而出。

成功的品牌，有着独特的价值系统。你会发现，生命周期很长的品牌，其成功并不仅仅取决于其市场定位或品牌形象，更关键的是它们所构建的价值系统模型。这种模型使它们能够在经济周期的波动中保持稳定，不受外部市场变化的影响，从而长期稳固地站在行业的顶端。

特定环境中的高价值系统容易打破原有的生态平衡，并造成行业中的相对稀缺属性，从而获得快速增长的优势。但要实现这一点，单纯地找到产品或服务的差异化是不够的；品牌还需要锁定一个在整个行业中独一无二的"价值生态位"。

那么此时你的品牌价值系统是几维的？在不久的将来你希望它又将变成几维？我们又将如何运用错维构建自己独特的价值系统呢？让我们带着这些疑问，继续探讨。

7.2　维度分类与分值设定

品牌价值评分系统

我们看到了多维价值的品牌世界，又懂得了维度的变化所能带来的势能的改变。那么我们是否可以构建一个品牌价值评分系统，让我们与竞争对手之间的维度多少与势能的高低变得清晰可见，用来指引我们找到自己合适的位置，以及选择合适错维竞争方式，达成以强胜弱的结果？

如果我们将品牌与对手每一个维度的角逐都看成一场"田忌赛马"，那么包含多个维度的价值系统就可以看作一个多场次（维度）的赛马比赛。在这场比赛中，有所有人都必须参加的常规项目，也有自愿参与的附加项目。评判胜负的标准也很简单，看谁能够获得更多的项目。

维度分类

参考赛马比赛的规则，在实际的品牌价值评分系统中，我们可以将众多维度分成 3 个类别：核心项、调节项与附加项（如图 7-2 所示）。核心项，就如同赛马比赛中的常规比赛，是价值系统的基础；调节项，用于锚定竞争对手或调节与调解双方单位价值的强弱；附加项，是需要在核心项都达成后，考虑的额外维度：

图7-2　维度的3个类别

1. 核心项——价值评分的基石

在构建一个成功的品牌价值系统中，核心项（常规比赛）无疑是最关键的组成部分。在我们五维的品牌价值系统中，品牌、产品和价格就属于核心项。它们就是像整个价值系统的基石，不仅是竞争的起点，也是构建其他附加价值维度的基础。如果这些核心项没有得到充分的重视，那么在其他价值维度上的任何努力都可能是一种内耗。

以北美最大的电器零售品牌百思买（BestBuy）为例，它因优秀的服务而声名鹊起。然而，在 2014 年 12 月退出中国市场的事件中，我们可以明显看到核心项被忽视的后果。尽管百思买在服务方面表现得相当出色，但它没有充分理解中国市场对价格这一核心项的极高敏感性。在中国，线下电器商城常常通过各种促销活动来吸引顾客，这使得大多数电器产品能以低于标价的价格售出。

而百思买忽视了这一点，继续坚持其在北美市场的高价策略。结果是，尽管它提供了相当高质量的服务，但面对需要为同样品牌和质量的商品支付更高价格的现实，大多数中国消费者还是选择了其他竞争者。这也就导致了百思买最终不得不退出中国这个巨大但极具挑战性的市场。

这个例子很好地解释了核心项的重要角色：无论你的其他价值维度有多出色，如果核心项没有得到妥善处理，整个价值系统都会变得不稳固，甚至可能导致失败。这就像一场考试：除非你完成了必答题，否则即使其他选答题做得再好，最终排名也不会高。

因此，核心项不仅是品牌价值系统的基石，也是评估和建立其他价值维度的前提。没有坚实的核心项作为基础，其他所有价值维度都很难获得长期和持续的成功。因此，在构建或调整品牌价值系统时，特别需要重视这些核心项，确保它们能在特定市场和环境下得到充分的发挥和认可。

此外，如果希望与特定竞争对手竞争，那么在品牌与产品维度，都要尽可能地与之接近（甚至可以高于竞争对手），消费者才会认为你们旗鼓相当，彼此之间能够形成竞争关系。只有构成竞争关系，我们之后的错维方式才能够有效进行。

2．调节项——用于锚定与调节竞争优势

价格维度在价值系统起着非常特殊的作用，它既是核心项之一，同时也扮演着调节项的角色。因为消费者往往会用相同的价格去对比不同品牌的价值感受，此外价格还可以在两者品牌与产品相同时，作为调节供需关系的杠杆。价格就像是天平中的砝码，不停在调节你与竞争对手的位置。

（1）锚定竞争，相同应用场景与单价的事物往往会成为竞争关系。

例如，商场中同是200元客单价的餐厅，在品类方面看似差异，却存在明显的竞争。那么到底是吃200元客单价的牛肉饭，还是吃200元客单价的日料？同价位中拥有高价值势能的餐厅往往是消费者的首选。因此，如何在价格相同的情况下，使得自己的价值系统的价值高于竞争对手就成了胜出的关键了。

（2）价格能够调节与同维竞争者对于消费者的供求关系。

同类同价值的商品，可以通过调节价格优势来获得更大的需求关系，例如，与竞品同级别品牌的女包，突然在七夕节搞了半价的营销活动，会引来一批消费者的抢购热潮。在价值相同的前提下，更低的价格无疑会让品牌获得更多的竞争优势。

然而降价看似非常简单，但实则对于企业的要求会更高。降低价格并不是单纯地打折促销，削减产品的成本、人员工资等。它更需要企业经营者运用合理的商业模式、产业链优化与规模经济从根本上降低成本。因此在整个品牌的

价值势能系统中，通过降价去跟对手竞争，应该当作最后的决策来选择。

3. 附加项——提升多维优势

在核心项条件满足后，品牌可以加入附加项，如服务与体验维度，这些虽然并不是消费者购买时的刚需，但如果你与同维竞争对手竞争时，多了服务与体验，融入的更多维度将会让你的价值系统获得更大的竞争优势。

只有当这些基础条件满足时，企业才有资格考虑其他附加价值维度，比如服务和体验。

想象一下，两家电子商务平台都提供相同品牌和型号的智能手机，价格也相当。作为消费者，你可能会基于哪个平台更便捷、快速或提供更好的客户服务来做出购买决定。这就是服务和体验维度进入战场的时候。

这些附加维度，虽然可能不是消费者最初考虑的刚需，但它们有能力极大地影响消费者的购买决策和长期忠诚度。假如一家企业不仅提供有竞争力的价格和优质的产品，还能在购后服务、用户体验或社群互动等方面提供卓越的表现，那么这家企业就在多个维度上构建了其价值系统，从而具有更大的竞争优势。

比如，亚马逊就是一个很好的例子。除了价格竞争力和产品多样性，它的一日送达、优秀的客户服务和无缝的退货政策都是附加的价值维度，这使其在与其他电子商务平台竞争时具有明显优势。

因此，当核心项已经被满足，附加的服务和体验维度不仅能增加品牌的吸引力，还能在市场竞争中构建更为全面和持久的优势。它们起到的作用有点像锦上添花，但这些"花"往往能在关键时刻发挥决定性的作用。

分值设定

在设计评分系统的分值时，我们可以借鉴田忌赛马的规则，将每个维度分为三个不同的级别：下等马、中等马和上等马，或者说，低级别、中级别和高级别。这样的设计不仅有助于明确不同维度之间的差异，还能更准确地反映各方面的表现（如图 7-3 所示）。

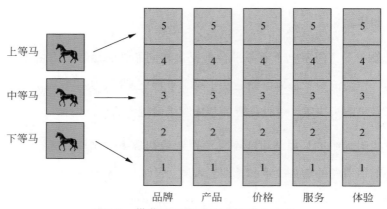

图7-3　借鉴田忌赛马设定的评分规则

每个维度均为 5 分制，在这个 5 分制的评分系统中，为了拉开各级别之间的差距，我们将分值设定为每 2 分一个级别。也就是说，1 分、3 分和 5 分分别代表低、中和高三个级别。这样的分值设定，让参与者或者评审更容易快速理解评分标准，从而提高评分的准确性。通过将各级别之间的分值拉开，可以更清晰地区分各级别的表现，这在评估优劣时特别有用。

此外，我们还设置了 2 分和 4 分这两个"中间分值"，作为过渡分。这是因为在实际应用中，某些维度的表现可能介于两个级别之间，或者我们可能需要靠近某个级别，但又不完全符合该级别的标准。这种时候，这两个"中间分值"就能发挥作用，允许我们能更灵活地进行评分，同时也能更精细地捕捉到各维度之间的微妙差异。

因此，我们需要在某一维度上对于竞争对手有高维对低微的压倒性优势，即在这一维度上高出竞争对手至少 2 分；而我们也需要在某一维度中与竞争对手贴近，将该维度的分差控制在 1 分以内。

1．品牌维度势能评分

品牌维度中我们可以通过某一品牌在形象与知名度方面给消费者的直观感受来作为评分的一个维度，即县级品牌（1 分）、市级品牌（2 分）、省级品牌（3 分）、全国品牌（4 分）、国际品牌（5 分）。同样也可以从品牌背书机构或代言人，或品牌知名度来判定其评分（如图 7-4 所示）。具体评分如下（仅供参考）。

品牌 与形象	要素/分值	1	2	3	4	5
	品牌形象	县级品牌	市级品牌	省级品牌	全国品牌	国际品牌
	背书机构/代言人	县级	市级	省级	全国	国际
	区域知名度	知名度低	知名度一般	行业前七	行业前三	品类第一

图7-4　品牌与形象评分

2．产品维度势能评分

因为每个行业对于产品的等级定义不同，所以不同行业的朋友可以根据每个行业的不同属性来定制评分，只要记住，1 分、3 分、5 分是代表三个显著差异的级别的产品即可（如图 7-5 所示）。

产品	要素/分值	1	2	3	4	5
	行业产品分	差	一般	中	好	最好

图7-5　产品评分

3. 价格优势维度

价格维度中我们引入了价格优势的概念，即你比竞争对手的价格的降低幅度。因为价格维度的降低，同样能够使得你在竞争之中获得更高的势能。例如，品牌与产品相同的情况下，价格优惠一半，那么消费者可能会不假思索地选择具有价格优势的品牌。与其他评分不同，价格优势是一个相对的概念，因此需要以竞争对手作为参考系。如果我们先对竞争对手竞争进行评分，可以将竞争对手的价格优势评分设置为 0，以便于后期进行自身评分（或价格优势升维）时，作为衡量的基准。

通过灵活地运用价格优势，品牌不仅可以在短期内吸引更多消费者，还可能在更长的时间范围内建立起更强大的市场地位。这里我们给到一个价格优势势能的评分值，供大家参考使用。使用者也可以根据自身行业的实际情况，调整评分的数值，但切记 1 分、3 分、5 分是代表三个显著差异的级别（如图 7-6 所示）：1 分，较竞争对手价格低 0% ～ 10%；2 分，较竞争对手价格低 20% ～ 40%；3 分，较竞争对手价格低 40% ～ 60%；4 分，较竞争对手价格低 60% ～ 80%；5 分，较竞争对手价格低 80% ～ 100%。

	要素/分值	1	2	3	4	5
价格	价格优势	0%～10%	20%～40%	40%～60%	60%～80%	80%～100%
	要素/分值	−1	−2	−3	−4	−5
	价格劣势	0%～10%	20%～40%	40%～60%	60%～80%	80%～100%

图7-6 价格评分

反之，−1 分，较竞争对手价格高 0 ～ 10%；−2 分，较竞争对手价格低 20% ～ 40%：−3 分，较竞争对手价格高 40% ～ 60%；−4 分，较竞争对手价格高 60% ～ 80%；−5 分，较竞争对手价格高 80% ～ 100%。

4．服务维度势能评分

服务维度中我们给到一个初步的评分标准供大家参考，大家也可以根据自身行业的特性来调整每个评分的数值（如图 7-7 所示）。

1 分：基础的服务，几乎感觉不到品牌方的服务内容；

2 分：热情且被动的服务，能够对客户表达热情，但只有客户向你提出诉求，你才会提供相应的服务；

3 分：主动型服务，你会主动向消费者询问其所需诉求，让消费者感觉到他是被尊重的；

4 分：尊贵感服务，消费者所有遇到的问题你都会提前做好准备，让客户主导服务，而不是把服务硬塞给他，让客户感觉到尊贵感；

5 分：极致的服务，客户能够感受到尊贵感，且客户都能够获得产品之外超越预期的服务。

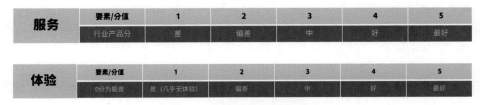

服务	要素/分值	1	2	3	4	5
	行业产品分	差	偏差	中	好	最好

体验	要素/分值	1	2	3	4	5
	0分为极差	差（几乎无体验）	偏差	中	好	最好

图7-7　服务与体验评分

5．体验维度势能评分

体验维度中我们给到一个品牌线下空间的评分标准，供大家参考。在不同商业环境中，体验的差异性会比较大，大家也可以根据自身行业的特性来调整每个评分的数值（如图 7-7 所示）。

1 分：基础场景，整洁干净的场景；

2 分：细节展示与产品拆解，能够将产品制作的细节进行展示或将产品进行拆解展示；

3 分：鲜明的主题，体验的环节，例如动物园主题的咖啡；

4 分：主题 + 文化融合，品牌主题（硬件）与文化（软件）能够完美地融合在一起，例如很多主题的博物馆；

5 分：沉浸式互动，品牌会提供一种沉浸式的体验，让消费者不仅仅是观察者，还是参与者。例如，在密室逃脱游戏中，消费者不仅可以体验到游戏的乐趣，还可以沉浸式地与环境或 NPC 进行深入的互动。

错维方法的演示

掌握了各维度的分值设定，那么错维的方式如何在评分中体现，我们自然也需要了解一下。

1. 超维

在第 3 章中，我们了解到了超维的概念，即特定维度颠覆性地迭代后，所产生的新的评判标准（如图 7-8 所示）。

2. 增维

比竞争对手增加某一价值维度的新变量（如图 7-9 所示）。

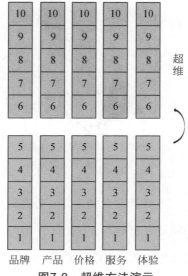

图7-8 超维方法演示

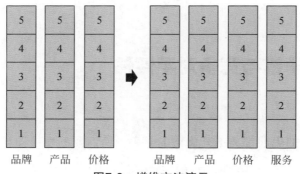

图7-9 增维方法演示

3．升维

单一维度中，每提升一个级别，都可以理解为一次升维（如图7-10所示）。

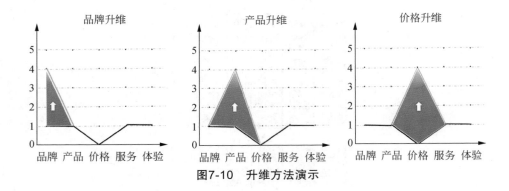

图7-10　升维方法演示

你会发现，在了解评分系统所包含的维度、分值以及错维方式的应用之后，我们可以在一个图表中清晰地表现竞争双方在每个维度中势能的强弱关系。以此来引导我们正确地应用错维的方式与竞争对手展开竞争。如果说知己知彼百战不殆，那么成功的关键就是要从客观地评估竞争对手，以及清晰地评判自己开始。

7.3　竞争锚与竞争对手评估

每个事物的崛起都离不开优秀的对手，而商业的发展同样离不开竞争。《全球上瘾》是一本讲述咖啡历史的书，作者史蒂文·约翰逊（Steven Johnson）在书中详细描述了咖啡如何搅动人类历史。咖啡在文艺复兴时期出现并传播到欧洲，成为一种新的文化饮品。当时，欧洲人喜欢用红酒来提神，但咖啡的出现为他们带来了一种全新的选择，因为它不仅提神，还有助于保持清醒。咖啡的受欢迎程度越来越高，它逐渐取代了酒精饮料，成为欧洲的主流饮品。

同样，成功的品牌也一定离不开同样优秀的对手。在商业领域，竞争是推动行业进步和创新的重要动力。在碳酸饮料市场中，可口可乐和百事可乐通过互相竞争，逐渐形成了两者各具特色的产品线。为了获得市场份额，两家公司在产品创新上从未停歇，努力满足消费者日益多样化的需求。它们的竞争使整个碳酸饮料行业不断追求更高的品质和口感，并共同做大了碳酸饮料在饮料消费场景中的占比。

竞争相对论与竞争锚

在错维的概念中，维度的变化与势能的强弱为我们提供了一个新视角。这一概念可以被称为"竞争相对论"，其灵感取自爱因斯坦的物理学理论——相对论。在商业版图里，势能不是固定或绝对的；它是相对于你选择的竞争对手而变化的。选择一个强大的对手会使你面临巨大压力，但也可能促使你做出更大的努力和创新，从而促使你不断地升维或超维。反之，选择一个弱小的对手可能会使你轻松获取短期收益，却容易陷入自满和停滞不前。

这种思考框架引出了一个新的概念，即"竞争锚"。这个概念强调了环境和对手选择对品牌未来发展的决定性影响。竞争锚并非一成不变，而是一个动态的行为。随着市场环境和内外部条件的变化，品牌需要适时地调整其竞争锚定的对手。这是因为没有一种"万能锚"能适应所有竞争环境；相反，应根据具体情况灵活选择和调整。

竞争对手评估

有了竞争对手，你可以更准确地评估市场的成熟度、潜在消费力和商业模型的可行性。这种相对定位为你的整体战略提供了清晰的方向，帮助你避免从"0到1"的创新风险，或者说，避免在没有既定模式的情况下盲目创新。相反，在现有成功模式的基础上进行优化和调整，通常会更加高效，也可能会更成功。

当然，竞争对手也会有类别的区分，我们可以将竞争对手分为三类，即高维竞争对手、直接竞争对手与潜在竞争对手，它们在我们的商业竞争过程中都起到了非常重要的作用。

1. 高维竞争对手：同品类高维，不同品类具备高价值优势的对手

"高维竞争对手"是指各维度的势能都远高于你，或具有更优价值系统模型的品牌。它们或许跟你并非同一行业，但对于你的品牌有很好的参考与借鉴作用；它们现在并不是你直接的对手，但很可能是你未来需要直接面对的终极挑战。

以音乐流媒体市场为例，当我们谈论 Spotify[1] 的竞争对手时，我们不仅会提到 Apple Music（苹果音乐服务）、Amazon Music（亚马逊在线音乐播放软件）等同类产品，也会考虑到 YouTube 等提供音乐内容的社交媒体平台。这些平台不仅拥有庞大的用户基础，而且在内容创新、用户体验等方面具有很高的势能，因此可以被视为 Spotify 的"高维竞争对手"。

对于品牌而言，理解并分析高维竞争对手的成功因素和价值系统，可以帮助品牌更好地把握行业趋势、创新以及提升自身的竞争力。同时，也可以引导品牌跳出原有的维度，从更宏观的角度思考自身的商业模式和价值组合。此外，提前思考品牌未来将如何与高维竞争对手在同环境中竞争，也是必不可少的。

1　Spotify是一个正版流媒体音乐服务平台，2008年10月在瑞典首都斯德哥尔摩正式上线。

2. 直接竞争对手：同环境，同场景，同品类

顾名思义，直接竞争对手是指在同一市场、针对同一消费群体提供相同或类似产品（或服务）的企业（或品牌）。例如智能手机市场的 Apple 和华为。它们的产品都是智能手机，不仅类似且针对的消费群体也相同。

多数时候，直接竞争对手就是我们当前锚定的竞争者。因此如何客观地分析其价值系统成了运用错维竞争的核心。

3. 潜在竞争对手：同环境中，同场景

在同一消费场景或同一消费人群中，来自不同品类的品牌也可能成为潜在的竞争者。这种竞争者被称为"非同品类竞争者"或"间接竞争者"。它们可能提供的产品或服务和你的品牌完全不同，但由于它们满足了特定消费群体对于相同消费场景的需求，因此它们有可能成为你品牌的潜在竞争者。

就比如，健身房和室内运动设备品牌可能被视为同场景、同人群的非同品类竞争者。尽管它们提供的产品和服务在本质上是不同的。健身房提供的是一个设备齐全的健身环境和专业指导，室内运动设备品牌则提供的是可以让消费者在室内进行运动的设备。然而，它们可能都是为了满足同一消费人群的健身场景需求。无论是在健身房锻炼，还是使用室内运动设备进行锻炼，消费者的目标都是保持健康，增强体质。因此，尽管它们提供的产品和服务不同，但在满足消费需求这一点上，它们却是竞争关系。

在诸多竞争环境中，有时你可能会因为没有找到直接竞争对手（同类竞争者），而沾沾自喜。殊不知，潜在的竞争对手正在你的周边跃跃欲试，它们正在与你争夺同一人群的同一消费场景。因此在某一环境中，不仅需要考虑直接

竞争对手，对于相同场景的潜在竞争对手的价值系统评估也是不容忽视的。简而言之，潜在竞争对手其实也是另一类"直接竞争对手"。

针对锚定竞争对手的价值分析与可能错维的方式思考

在商业领域中，每当一个新的产品、服务或者商业模式出现时，它通常不会立刻达到最完美的状态。这是因为创新通常会带来一些新的问题或挑战，需要时间去解决与优化。而且，创新往往也需要面对市场的接纳过程，早期的市场反馈和用户体验也会对创新产品的优化提供重要的指引。这就为后来的竞争者提供了优化这个新事物的空间。

我们假设在某一个特定环境中，我们锚定某一竞争对手，它的价值系统评分品牌 4 分，产品 2 分，服务 1 分，体验 0。价格优势是相对概念，竞争对手对于自己的价格优势为 0。

这样就得到可以在其之上做价值优化的空间，如图 7-11 中绿色部分所示，那么我们就针对每个维度的评分情况进行思考。

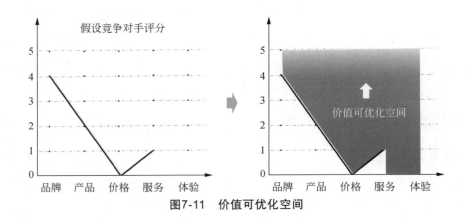

图7-11　价值可优化空间

（1）品牌维度：锚定竞争对手的品牌力已经比较强势，而且无法在 4 分之上拥有高出 2 分的优势。因此建议在品牌维度上尽可能贴近竞争对手。

（2）产品维度：由于产品维度，竞争对手仅有 2 分，因此存在产品升维的可能性。

（3）价格维度：当品牌与产品维度与竞争对手贴近时，可以考虑价格优势的升维。

（4）服务维度：服务维度仅有 1 分，因此在核心项的分数贴近或优于竞争对手评分的基础上，可以考虑服务的升维。

（5）体验维度：可以选择增维的方式，增加体验维度。

7.4　自我评估与竞争决策

自我评估

在完成对竞争对手的评分，并充分了解如何与其进行错维竞争之后，接下来我们要做的事情就是自我评估。在价值系统中，品牌进行自我价值与竞争对手价值的评估同等重要，它能够很好衡量敌我之间势能的强弱关系。然而，由于"当局者迷，旁观者清"，企业往往难以完全准确地评估自己。创业者和管理层可能会受到自己的先入之见或"执念"影响，这样的主观因素有时会妨碍他们真正准确地感知市场和竞争环境。

企业或品牌方可以自己设定评分标准，或邀请行业的朋友共同讨论价值系统中的评分标准。但在做自我价值系统评估时，引入第三方的评估变得尤为关键。这些第三方可以是企业界的朋友、行业专家或者目标客户。他们从一个更为中立和客观的角度，有助于为品牌提供更准确的价值评估。他们不受品牌内部文化、情感或其他偏见的影响，因此更可能给出与市场现实情况接近的评价。

竞争决策

1. 直接竞争

当我们各维度价值都不低于竞争对手，且某一维度评分高于竞争对手2分以上或比竞争对手多一个维度以上的价值时，这说明我们的品牌较锚定的竞争对手，具备错维的压倒性优势（如图 7-12 所示）。

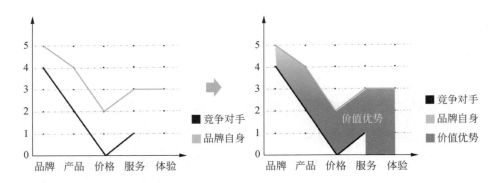

角色/分值	品牌	产品	价格	服务	体验
竞争对手(假设)	4	2	0	1	0
自身（假设）	5	4	2	3	3

图7-12　直接竞争

2. 错维调整后竞争：错维路径思考

多数出现在同维竞争的环境中，品牌通过错维的方式挑战自己的维度分值，达成错维态势的目的。即形成高维对低微，多维对单维的不对称竞争态势（如图7-13所示）。这一情况中，品牌与竞争对手各维度的评分差异并不大，应选择在某些维度上进行升维（或增维），从而达到错维竞争的目的。

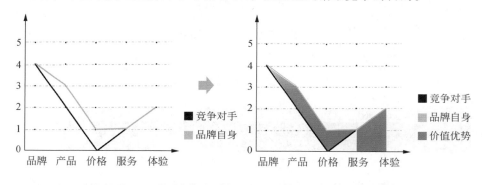

角色/分值	品牌	产品	价格	服务	体验
竞争对手(假设)	4	2	0	1	0
自身（假设）	4	3	1	1	2

图7-13 错维调整后竞争

在价值系统的错维竞争中，并非价值越多或越高越好，因为企业需要匹配价值的投入更多，可能会导致成本与价格的提升，恰到好处的价值系统配置是一种艺术。在品牌创业之初，企业由于实力较弱，因此在每个维度中都没有高维的优势，这就需要企业不断地自我提升（升维、增维等），再用提升后的优势与特定环境中更弱的竞争对手对抗，逐步累积更多优势或资源，为日后的进一步自我提升打下基础。

3. 放弃竞争

在各个维度升维的情况下其价值分值不能高于竞争对手（或有明显差距），

且在价格维度也拉不开明显优势时，应放弃与你的竞争对手竞争（如图7-14所示）。这说明你的实力对于竞争者而言还未达到压倒性的优势。

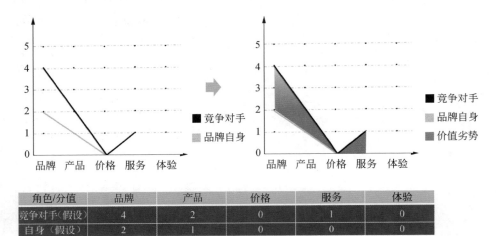

角色/分值	品牌	产品	价格	服务	体验
竞争对手(假设)	4	2	0	1	0
自身（假设）	2	1	0	0	0

图7-14　放弃竞争

因此，你需要重新思考自身选择的竞争环境，重新寻觅比自己更弱的竞争者，就像我们在第2章所讲到的，企业（或品牌）的成长是一场"大鱼吃小鱼"的游戏。当然还有其他的方式可以达成，就是寻找能够补足自身价值系统的人员或团队，但这种方式对于创业者的个人魅力与领导力是一个极大的挑战。

7.5　定制适合自己的价值评分系统

维度拆分

由于每个行业与竞争环境的变化，竞争的维度与分值的设定都是可变动的。因此，本章中提及的维度并非一成不变的，我们每个人都可以按照自身行业的现实情况来定制自己的品牌价值势能评分模型。其实，在竞争的过程中，每个维度还可以进行更加细致的拆分。例如：品牌维度可以继续拆分，知名度、品牌形象、空间体量等，都是能够拆分的要素。体量的大小同样能够影响品牌的势能。因为多数时候，消费者很难深入评估企业的具体实力，他们会根据品牌门店所展示的形象，比较直观地去衡量你与同类竞争者的强弱关系。比如，常规的小吃店可能只有几十平方米，而美食广场与小吃街的面积则是从数百平方米到几千平方米不等，那么美食广场的体量势能（吸引力）就远远高于单纯的小吃店。如果再将体量扩大一些呢？相信2万平方米的"超级文和友"早已给到我们答案。

产品维度中，每个组成产品的单元都可以看成一个独立维度。能够将产品的单元拆分得越细，越能够感知到自身产品与竞争对手的优劣关系。例如在电动车行业中，"外观"关乎设计美感和品牌形象，而消费者的初印象往往来自"三电系统"，即电池、电机、电控，构成了车辆的技术核心，决定了性能与续航；进入车内，"汽车内饰"为乘客提供舒适与便捷，影响整体使用体验；而"底盘与悬架"则直接涉及行驶的稳定性和操控感受；"车机系统"集成了娱乐、导航和安全功能等。

服务维度可以拆分为产品之内的服务与产品之外的服务（也可称为附加价值）。附加服务不仅可以用相对合理的成本，增加价值系统的势能，还能够运用软性情感连接，增强与客户的黏度，甚至能够起到更好的营销效果。例如，咖啡店在办理储值咖啡会员卡时，不再赠送过多的金额或实物礼品，而是通过赠送不同咖啡豆的品鉴活动或咖啡制作的体验课程达到促销的目的。再者，二手豪车的平台，在客户购车后，开始为客户提供豪宅的深度保洁、代办家宴、私人高端旅游定制、高级服装定制、艺术培训等免费的附加服务，与客户深度连接的过程，还能很好达成高端圈层的转介绍。

品牌的体验是一种全方位的感知，涵盖了人类的 5 种感官：视觉、听觉、嗅觉、味觉和触觉。例如，当我们谈论视觉时，不得不提到爱马仕标志性的橙色或蒂芙尼（Tiffany）引人入胜的经典蓝；而在听觉方面，有些品牌利用特定的音乐或音效，如英特尔（Intel）的标志性"噔，噔噔噔噔"音乐，为顾客带来即刻的品牌联想；进入一家五星级酒店或某个奢侈品牌的店铺，那特有的香芬——嗅觉的体验，常常能让人瞬间放松，沉浸其中；而说到味觉，不得不提及肯德基那始终如一的原味鸡，它已成了许多人舌尖上的回忆；此外，当我们谈及触觉，那些有着高级质感的物品，如 RIMOWA[1] 的铝镁合金行李箱，都会给人难以忘怀的感触。

评分调整

由于所处的行业与环境的差异，每个创业者都可以根据自身身处行业的标准重新设定各个维度的评分标准。比如价格维度，每个行业消费者对于各维度的评分的敏感度是不同的，需要依据你自身的行业来调整评分。就像黄金制品，每调整 1 元都会产生明显的价值优势，而在一些高端服务型行业，每一级别的差距甚至都是倍数级别的。但需要遵守的是 1 分、3 分、5 分需要有明显的级别差异，以便于后续评判该维度，是否具备可升维的空间。

1　RIMOWA是全球领先的旅行箱品牌，旗下旅行箱均使用铝镁合金和高科技聚碳酸酯材料打造，并且是少数仍然在德国进行制作工序的旅行箱企业之一。

多融入新变量

　　错维竞争是一个无限的游戏——一个不断拆解老维度与洞察新维度的过程。当然，这无疑也是个充满趣味的过程，值得我们每个人和每个企业持续探索。对于品牌而言，成功并不仅仅是在已知的维度上做得更好，而是能够寻找到那些被忽视或未被充分挖掘的维度。这样，品牌可以在新的维度中建立自己的优势，甚至可能开创全新的市场空间。对于行业而言，不断融入新的变量，也能够给市场带来全新的活力。此外，厘清新维度的分类（核心项、调节项与附加项目）也是同等重要的事情。

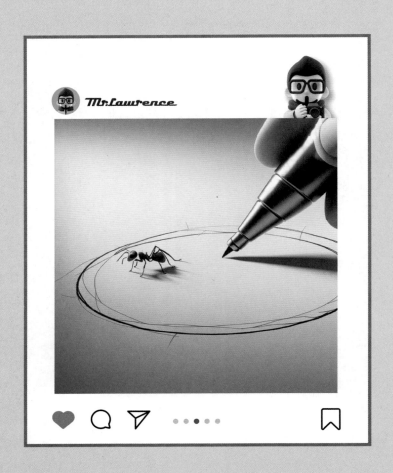

08 第 8 章
案例解析：
用错维视角看清行业竞争

回看众多品牌的成长历程，你会发现诸多错维竞争的影子，以及借势与造势的踪迹。除了品类的机会之外，品牌更多的是找到自己在目标场景下的价值生态位置。通过其创造更高与更多维的价值，探索其在行业中的成长空间。

8.1　电动车行业的群雄逐鹿

特斯拉——电车的崛起之路

从一无所有到市值过万亿美元，微软、谷歌、苹果均用了几十年的时间，而美国新能源汽车企业特斯拉却只用了 18 年。特斯拉之所以在短时间内取得巨大的成功，主要取决于它合理地运用了产品超维、售卖空间错维以及价格升维。特斯拉的"惊喜"总是打得我们措手不及，就像业内有句话，不分享利润不分享技术，除了纳税，一切属于特斯拉（如图 8-1 所示）。

图8-1　特斯拉Model S[1]

在那个燃油车盛行的年代，特斯拉脚底踩着高跷做起了电动车销售。一些企业抱着看热闹的心态围观特斯拉 CEO 马斯克先生在"一片贫瘠的土地上"试错，未承想特斯拉特立独行地一路狂飙到现在。在经过了近 20 年

1　官网：https://www.tesla.com/models。

"咀嚼着玻璃凝视深渊"的生活之后，马斯克已成为电动车时代最重要的推动者。

然而，纵观特斯拉的发展历程，其本质就是一场电动汽车与燃油汽车的竞争历程。当我们更深入地理解这个过程，不难发现它实际上也是"错维竞争"的一个缩影。

1. 产品超维，从燃油车时代到电动车时代

从超维的角度来看，特斯拉电动车对传统燃油车的突破和革新可以说是一次重要的超维。特斯拉电动车不仅改变了传统汽车行业的能源使用方式，还在多个维度上实现了创新，从而在汽车市场中取得了显著的竞争优势。特斯拉电动车最明显的超维之处在于其对能源的使用。传统燃油车依赖于化石燃料，而特斯拉电动车则采用了清洁、可再生的电能。这种能源转变不仅降低了对环境的影响，还有助于减少对石油资源的依赖，提高能源安全，降低了用车的成本。

智能化：特斯拉电动车在车载智能系统上也实现了超维。通过采用先进的自动驾驶技术，特斯拉打破了传统汽车驾驶方式的局限。而且，特斯拉的车载信息娱乐系统也具有强大的互联网功能，为用户带来更为便捷的出行体验。

2. 对标超跑，凸显价格优势

特斯拉最早火起来的原因之一，确实是因为其电动汽车在性能上对标了超级跑车，尤其是在加速度方面，同时售价却远低于传统超跑。这让特斯拉在消费者心中形成了极具吸引力的形象，也让更多的人开始关注和接受电动汽车这一新兴技术。

特斯拉早期推出的 Model S 就展示了其惊人的加速性能，其顶级版本 P100D 在短短 2.7 秒钟内就可以完成 0 ～ 100 千米 / 小时的加速，这在当时堪称超越了许多顶级燃油跑车。这种出色的性能让特斯拉受到了广泛关注，尤其是对于追求速度与刺激的消费者而言，特斯拉电动车开始与超级跑车画上了等号。

价格方面，特斯拉并不满足于获得超级跑车的超额回报。特斯拉 Model S 的售价虽然高于同级别的传统豪华轿车，却是传统超级跑车几分之一的价格。这意味着消费者可以以相对较低的价格，体验到超级跑车级别的性能。这种高性价比使特斯拉的产品更具竞争力，也让许多消费者更愿意尝试这种新型交通工具。

3．售卖空间错维，从郊区 4S 店到城市中心

从销售渠道的选址来看，特斯拉成功地颠覆了传统的汽车销售模式，很好地运用了空间错维。与常规的 4S 店通常选址于城市郊区不同，特斯拉选择将其专卖店设在大型商场或市区的核心地段。

传统 4S 店通常设在郊区，不仅距离远，还常常需要预约、漫长的等待和复杂的购车程序。特斯拉的这一招则将购车体验简化到了极致，人们在购物或娱乐的同时能轻易地走进特斯拉的展厅，了解产品，甚至直接完成购买。这不仅降低了购车的门槛，还缩短了客户决策周期，使得汽车真正变得像快消品一样便捷可及。

4．价格升维，动态降价，Model 3 降价

由于特斯拉将电车技术开源的缘故，导致了行业涌入大量的竞争者，这

些竞争对手也在不停地优化行业的价值系统。因此竞争品牌与特斯拉在品牌、产品等维度的分值的差距变得越来越小，特斯拉无法拉开2分的差距。加之竞品（国内众多品牌）的价格远低于特斯拉的初始车型 Model S、Model X，这使得特斯拉的价值系统优势变得比较微弱，进而使特斯拉逐步陷入同维竞争的窘境（如图 8-2 所示）。

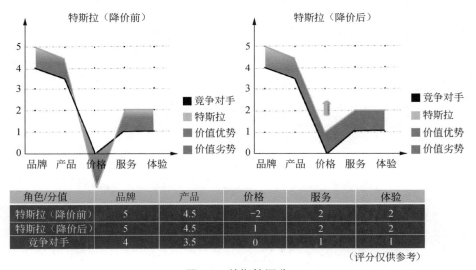

角色/分值	品牌	产品	价格	服务	体验
特斯拉（降价前）	5	4.5	-2	2	2
特斯拉（降价后）	5	4.5	1	2	2
竞争对手	4	3.5	0	1	1

（评分仅供参考）

图8-2　特斯拉评分

为了获得更多的价值优势，特斯拉引入新系列产品 Model Y、Model 3，并将新款车型的价格设置得更低，甚至采用了循环降价的方式，不断让自身在同级别车型中获得更高的价值势能优势，由此带动整体的销量继续提升。

5．更多维的竞争格局

当所有品牌车商还在为自己车辆的电池续航，以及车内智能化设计沾沾自喜的时候，特斯拉的 FSD 智能驾驶系统已快完成数据收集以及 AI 模型的训练测试。正如马斯克不屈的个性，特斯拉正不断以超维与增维的方式引领着电动汽车行业。

比亚迪——世界新能源的新晋霸主

如果要问特斯拉的强劲对手是谁，比亚迪一定排第一。作为中国新能源的新晋霸主（如图 8-3 所示），比亚迪在 2022 年的总销量高达 162.8 万辆，力压两田、大众，市值已突破亿万元，一举成为全球汽车领域市值第三名。人们不禁发出连声惊叹，直呼下一个电动汽车的"领头羊"即将诞生。可见，传言比亚迪可能会取代大众，成为中国的"新大众"并非空穴来风。比亚迪不管产品、技术，还是营销方面，都力求极致的专精。

图8-3　比亚迪[1]

在外界看来，比亚迪最厉害的是车的性能，但业内人士却认为，比亚迪最强的或许是其他企业想学而学不到的。电动车最重要的零部件是什么？当

1　照片。

然是三电系统，比亚迪是当前汽车企业市场中，极少数能够进行自主研发电池、电机、电控的一家车企。其中，刀片电池也是比亚迪被市场热议的技术之一。它具有较高的能量密度，这意味着电池体积更小但能量输出更高。这对于电动车辆非常重要，因为它允许更大的行驶里程，同时减少电池的体积和重量。多年的技术和经验积累，比亚迪把电动车的核心技术全部牢牢地掌握在手中，使其新能源车既拥有了核心技术壁垒，又兼顾了可控的成本优势。

在发布电动车的同时，比亚迪的混动车型也同样取得了不错的成绩。混动车型是介于电动车与燃油车的中间产品。它巧妙地融合了燃油车和电动车的优势，不仅提升了燃油效率，还减少了碳排放。在城市低速行驶和停车时，车辆主要依赖电动机，从而减少燃油的使用并减轻环境负担。此外，混动车在长途行驶中能够使用发动机，消除了电动车面临的充电和续航里程焦虑问题。这样，无论是在城市短途还是在高速长途行驶，混动车都展现出极高的适应性和经济效益，成为一种综合性能出色的交通选择。

说到销量，比亚迪除了产品的技术积淀，把"亲民"作为市场的定位是它拉进与特斯拉距离的又一思维策略。当特斯拉售价还在 50 万元左右时，比亚迪主要关注于下沉市场的用户需求，将新能源车的价格定位在 20 万～ 30 万元，获得了更广阔的受众。此外，优秀的车机融入了娱乐的内容，甚至将"卡拉 OK"都搬进了车中，一下子打破了车只是交通工具的定义。

如今，比亚迪不仅仅在国内取到了优异的成绩，在国际市场中的优势也正在显现。想象一下，几年前，谁会认为一个来自中国的汽车制造商能够超越日本巨头丰田和德国权威大众，成为中国乘用车市场的销量冠军？更别说是在全球范围内一跃进入销量前十名，超过了像梅赛德斯-奔驰和宝马这样的豪车品牌。这不仅标志着中国汽车工业的全面崛起，而且也凸显了比亚迪在全球汽车制造业中的重要位置。其新车销量同比增长达到了惊人的96%，这一数据更是让业界震惊。

这一切都证明了比亚迪不仅是中国新能源汽车的代表品牌，更是全球汽车工业中的一股不可或缺的新生力量（如图8-4所示）。在这个多元化和全球化的世界中，比亚迪的成功不仅仅是一家企业的成功，更是一种东方的经营哲学的展现。

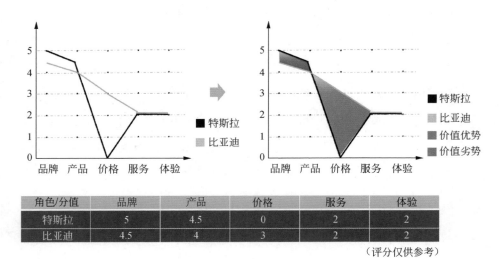

角色/分值	品牌	产品	价格	服务	体验
特斯拉	5	4.5	0	2	2
比亚迪	4.5	4	3	2	2

（评分仅供参考）

图8-4　比亚迪评分

蔚来——借势而为的新兴巨头

特斯拉从2003年成立后花了整整12年时间才达到了产量十万辆的目标，而2021年10月，国内的蔚来（如图8-5所示）后来者居上，仅用一半时间就实现了"十万辆"的突破。因为它在特斯拉将市场供应链、配套产品等做成熟后就无须再花更多的时间去开拓市场，向消费者宣传电动汽车的功能，这种情况下，仅需跟随，借势而为，当然省去了不少人力、物力，短时间内就可做到行业巨头的成绩。

图8-5　蔚来ET5T[1]

1. 品牌升维

蔚来汽车的崛起与其首款车型EP9的造势有着密不可分的关系。在蔚来汽车还是一个相对未知的新兴品牌时，EP9 概念车的发布不仅是蔚来品牌的一次完美的亮相，更是一次技术与实力的展示。

在 2017 年，蔚来 EP9 在德国纽博格林（Nürburgring）赛道上，用 6 分 45 秒 9 的时间就跑完了一圈，这一成绩打破了当时该赛道上量产电动汽车的最快纪录。这一事件立即引发了全球关注，不仅在汽车界，还在更广泛的消费者群

1　照片。

体中产生了深远影响。蔚来以此向世界宣告，它们不仅仅是又一个电动汽车制造商，还是有能力与顶级超跑品牌一较高下的企业。

纽博格林赛道，这条坐落在德国深林之中的赛道，被认为是全球最具挑战性的驾驶试炼场。当一辆汽车在这里创下最快的单圈纪录，那不仅是对它的动力、悬挂和操控性的最高嘉奖，也是对品牌背后工程和设计团队年月努力的最好回报。获得这样的纪录就像在汽车界赢得了一枚奥运金牌，对于蔚来品牌而言，这无疑是一次有效的升维。它不仅让人们记住了这个品牌，还让其在激烈的市场竞争中占有一席之地。

EP9 的高性能和高售价也明确了蔚来汽车的市场定位。这种定位吸引了一批寻求创新和独特性的购车者，为蔚来后续车型的推出铺平了道路。尽管 EP9 并不是面向大众市场的产品，但它成功地为蔚来汽车建立了强烈而独特的品牌形象。这种影响力迅速地转化为品牌知名度，为蔚来接下来推出的更为"亲民"的车型创造了有利的市场环境。

2. 服务增维

除了品牌与科技的能力，蔚来还增加了一张"服务"维度的王牌。因为它认为，车主购买的不是车，而是之后的生活化服务互动。比如，车主购车后就可加入蔚来汽车的专属社交平台，在这里你可以随意分享自己的生活点滴，也可以咨询、探讨汽车的各种"疑难杂症"，品牌方也能通过此渠道收集用户的建议，从而实现不断优化产品的功能与服务。

此外，蔚来积分、蔚来值等福利的设置也供用户兑换各种生活场景中的需求，朋友喝酒聚会、家人出行游玩，都可以享受蔚来汽车带来的安全代驾服务。而针对电动车充电麻烦的特点，蔚来也思考在前，只要用户买了车，就享有品牌自己建设的换电站的换电服务特权。以往我们电动车充电动则就要半小时、一个小时，但蔚来二代换电站支持全自动换电，车主仅需 5 分钟就能高效、快捷完成换电，换来的电池基本在 90% 以上，跑长途都没问题。

蔚来汽车通过众多优质、周到服务与用户实现了高效的动态交互，让用户形成全方位的感知触动，用户也在超预期的体验中更加信任和认可品牌的价值。一旦用户体验到了品牌价值，立马就会自愿地与其他人分享。用"车主来推荐车主"，蔚来的这种社交运营方式真的是屡试不爽。

除了服务，蔚来在产品的颜值上也丝毫不逊色，从"高颜值"上下足了功夫，比如蔚来 ET5、ET7、ES6、ES8 等车型均保持了前卫定位的外观设计，细致的工艺及优雅的线条，不愧是新能源的"卷王"（如图 8-6 所示）。

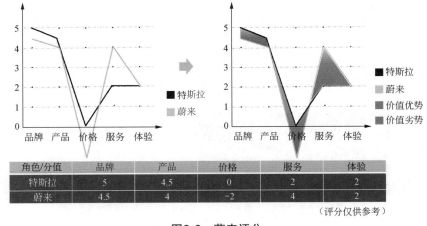

图8-6 蔚来评分

从价值的评分系统上来看，蔚来在品牌与产品维度的评分与特斯拉相差并不大，但在价格维度却明显高于其同等车型。在上一章我们提到评分系统的核心项的概念，蔚来虽然在价值系统中，增加了服务维度，但在核心维度并未完全接近竞争对手，因此蔚来如何在今后的电动车市场中完成突围，还是值得深入思考的问题。

8.2 快餐行业的那些事

麦当劳——快餐文化的开创者

1. 餐饮业态的超维

从 20 世纪 60 年代开始，快餐文化就已经在美国兴起，美国人的生活方式也在快餐文化的影响下不断改变着。其中，麦当劳就是最典型的代表之一。人们每每提到美式快餐，大脑中第一个想到的便是全球无人不知无人不晓的"麦当劳"（如图 8-7 所示）。

这间位于美国伊利诺伊州的"全球第一家"麦当劳餐厅也被复原并重新开张

麦当劳经典红白黄色餐厅的设计蓝图

图8-7 麦当劳[1]

在麦当劳之前，美国的餐馆行业基本是以正餐为主，一次用餐经常需要一个小时甚至更长的时间。1955 年，当麦当劳开设了第一家麦当劳连锁店，

---

1 官网：https://www.mcdonalds.com.cn/index/McD/about/brand-25。

餐饮行业的走势发生了根本性的改变。这一改进让餐厅能在仅仅几分钟内完成订单。可以看出麦当劳的成功得益于餐饮运营模式的一次超维。

麦当劳速食、便捷的明显优势使它在美国迅速蹿红，而这些快餐独有的特征也被深深地打上了"美国"烙印。很快，快餐成了美国人餐桌上不可或缺的形式，渐渐地，快餐文化成了大家对美国文化的一种印象。这么看来，麦当劳应是开创了美式快餐文化的"鼻祖"，夸张的雕塑涂鸦、标志性路牌、城市涂鸦……处处散发着庞大的文化能量。

麦当劳凭借其一流的品牌形象、高质量的产品，以及物超所值的价格，无形之中构建了强有力的价值系统。这种系统使其在与同类型品牌的竞品之间产生了强有力的竞争优势。设想一下，在一个通货膨胀不断、物价持续上涨的时代，消费者只需花费 30 多元，就能在城市核心商务区里的一个面积 300 平方米环境优越的餐饮店中，享受一份能够吃饱，且品质不错的国际品牌汉堡套餐。这种看似简单、价格亲民的产品背后，实则是麦当劳强大的价值体系和商业壁垒的体现。

2. 多维盈利模型

或许很多人认为，麦当劳仅仅是一家餐厅，然而麦当劳并不只靠餐饮赚钱。麦当劳的盈利模型涵盖了多个维度：

1. 直营店位于商业中心地段，通过销售汉堡、炸鸡和薯条等快餐获得收入。

2. 通过特许经营模式，麦当劳不仅扩展了品牌影响力，还从初始加盟费、特许权使用费及销售额的部分提成中获益。

3. 房地产方面，麦当劳采取了独特的方式，选择长租或购地后建餐厅出租给加盟商，实现稳定的租金收入。

4. 麦当劳与供应商紧密合作，形成了强大的供应链管理，利用大规模采购带来的更有竞争力的价格，提高了其利润率。

5. 凭借其强大的品牌价值，麦当劳还通过品牌授权与其他公司合作，推出以其为主题的产品或服务，从中获得授权费等。

试想一下，就算在餐饮业态如此发达的现代商业中，能够拥有多维盈利模型的品牌也是屈指可数。可见，优质的价值系统同样也需要多维的盈利模式支撑，如果品牌仅能提供消费者出众的价值，而无法使自身获得良性的生存模式，也是不长久的。

截至 2022 年，麦当劳已在 120 多个国家和地区开设超 4 万家门店，员工人数 200 多万，堪称全球最大且最有价值的餐饮业品牌。

福乐鸡——快餐界的海底捞

炸鸡与汉堡向来是美式快餐的必争之地，然而就在这一高手林立的市场中，一个品牌却异军突起，其单店营业收入甚至超越麦当劳与肯德基，它就是 CHICK-FIL-A（福乐鸡）（如图 8-8 所示），被业界亲切地称为炸鸡界的"海底捞"。

早在 2014 年福乐鸡单店收入就达到了 310 万美元，麦当劳每家店平均销售额为 250 万美元，在中国备受追捧的肯德基单店收入仅有 96 万美元，不足福乐鸡的 1/3。2015 年，福乐鸡的全球销售额更是超过 60 亿美元，是 2009 年销售收入的两倍，其迅猛发展之速可见一斑。它更是在 2021 年的美国顾客满意度调查中以 86 分的成绩名列榜首，被美国消费者誉为"顾客最满意的餐厅"。

图8-8　福乐鸡[1]

在 2008 年的金融危机中，餐饮行业中多个品牌遭受重创收入缩水，但福乐鸡仍然保持了 12% 的增长率，实现了销售额 30 亿美元的突破。面对快餐行业从业人员流动性大的特点，福乐鸡的员工忠诚度高达 90%，对工作的满意度远远高于同行业其他品牌。福来鸡成功的秘诀就在于其独特的价值系统优化。

1. 产品升维——把快餐做得更健康

快餐具有大众化、快速、方便几大特点深受大家喜爱，但高热量、高脂肪、无营养又遭到健康人士诟病，甚至一提到快餐往往让人与"垃圾食品"画上等号。

但福乐鸡的菜单与其他快餐竞争对手截然不同，最为出名的便是鸡肉三明治和华夫薯条。为了把鸡肉做得好吃又健康，福乐鸡下了不少力气，首先在 2008 年对菜单进行了一次彻底改革，去除了所有产品和调味品中的反式脂肪，

1　官网：https://www.chick-fil-a.com/about/who-we-are。

致力于摆脱高热量、高脂肪的"亚健康"名号；在2013年又去除了高果糖、玉米糖浆的使用，从添加剂中进一步提升健康指数；2014年成功宣布，福乐鸡不再使用任何添加剂，并推出了健康的烤鸡食谱，三明治中完美剔除骨头的鸡胸肉配合手工面包，在口感上收获了更多的好评。100%的花生油烹饪加上无添加剂的黄油及健康人士喜爱的黄瓜片，迎合了大众追求健康饮食的需求。福乐鸡不断研发，为了把烤鸡块做得酥脆多汁，就花费了整整7年的时间，并为之投入5000万美元。

福乐鸡不仅在配料上不断改革，就连主要成分鸡肉的选择，也宣布将在5年内实现全美所有连锁店不再采用抗生素饲养的鸡肉，这是快餐业首次承诺使用健康鸡肉。产品不断更新升级中，福乐鸡无疑成了行业典范。

2. 服务增维——靠"变态"服务取胜

如果说健康、美味是福乐鸡抢占市场的第一利器，那么无懈可击的"服务"就是它蓬勃发展的秘籍（如图8-9所示）。

图8-9　福乐鸡的服务增维策略

快速省时是快餐行业最为显著的特点，但它是一把"双刃剑"，为顾客提供方便的同时，服务质量很难得到保障。员工都希望你吃完就走，不要占用限定的位置，更不希望花费过多的时间，而是希望通过快速的消费流通收获更多利益。所以快餐店里你很难享受到餐厅用餐时应有的尊贵服务，甚至很多快餐厅需要消费者自给自足，点餐、取餐等服务需要自助，卫生清洁打扫简单粗暴。

福乐鸡却反其道而行之，它有一套系统的服务培训，每个员工都要按照标准对顾客进行贴心服务，"请""为您服务""非常荣幸"这样的词语经常出现在福乐鸡的店铺中。点餐前，员工还会亲切地询问你的名字，餐好后会亲密地称呼你的名字，而不是冰冷的数字。

除了亲切、贴心的服务，福乐鸡将完美服务做到每一个细节，面对快餐店卫生环境脏、乱、差的弊端，福乐鸡有自己严格的卫生标准，不但整体环境干净整洁，甚至连卫生间的把手都要经过无菌处理。新冠疫情暴发后，许多餐饮行业才开始注重卫生消毒，而福乐鸡在这方面早已深入细节，做得十分出众了。

更有趣的是，面对手机的发展，很多人边吃边玩，减少了与身边人的交流，吃饭从温馨的集体活动变成了一件果腹的差事。福乐鸡在店内发起倡议，只要用餐期间不看手机，店铺将免费提供冰淇淋。当你走进福乐鸡，可以把手机调到静音或关机状态，放到专门准备的小盒子里，专心地和身边人享用一顿美味的餐点，愉快的用餐结束后，还能得到冰淇淋奖励，新颖的游戏形式无疑又为福乐鸡赢得一波好感。

福乐鸡的"变态"服务还不止于此，当你点餐犹豫不决时，它会为你提供一份试吃小样，这在其他快餐店，甚至整个餐饮行业都是难以想象的。用餐期间，你还可以享用现磨的胡椒粉、免费续杯等，要知道这些服务只存在于中等及以上餐厅。

在由麦当劳和肯德基这样的巨头主导的快餐行业中，福乐鸡的崛起可谓是一匹"黑马"。这些先行品牌在品牌形象、产品质量和价格战略上已经建立起了几乎不可动摇的优势。面对这样的态势，福乐鸡并没有选择与它们"硬碰硬"，而是选择用服务作为自己的切入点。这种方式为众多有志于进入快餐行业的创业者提供了新的思考角度。福乐鸡坚信，真诚的服务会赢得顾客的真心，就像《圣经》中所说："施比受更有福"——福乐鸡成功背后的秘密尽在此言中。

赛百味——被竞争对手超越的"洋快餐"

赛百味是由美国弗雷德·德卢卡在 1965 年创建的，起初它的名字叫"彼得的超级潜水艇"（Pete's Super Submarines），直到两年后才更名为今天的"赛百味"（Subway）（如图 8-10 所示）。

图8-10　赛百味门店与食材[1]

在快餐业纵横美洲大陆的年代，赛百味的生意做得风生水起，渐渐有了扩张的打算。可是如果像麦当劳一样采取"特许经营模式"，成本又有点太高。于是，它反其道而行之，打出了低价加盟的标语。一时间，美国人蜂拥而至，争着要做赛百味的合作伙伴。就这样，赛百味开启了属于它的最辉煌的时刻，到 2017 年全球门店可达 4 万多家，遍及全球上百个国家和地区，并超过了麦当劳成为全世界最大的连锁快餐店。

然而，在进入中国后，如日中天的赛百味却一蹶不振，无论是连锁店数量，还是单店销售业绩，都大幅度下滑，今天已经不能再与同样为"洋快餐"的麦当劳、肯德基相提并论。这个曾经的餐饮巨头为何被竞争对手远远地抛在了身后，在中国"失足"的呢？我们可以从价值系统中找到原因。

1　照片。

1. 品牌知名度与门店形象

赛百味在中国市场面临的第一大挑战便是其相对较弱的品牌知名度和门店形象。赛百味进入中国较晚，然而，在进入国内后其品牌的宣传力度并不大。在终端门店形象方面，与麦当劳等品牌300平方米的标准店型相比，赛百味的门店通常较小（60～80平方米），这可能会在消费者心中投射出一个不够强大的品牌形象。从空间体量的角度看，这无疑为赛百味在中国的品牌建设带来了额外的挑战。

2. 产品优势不明显，缺少本土化的产品升级

虽然赛百味强调健康饮食的理念，但在中国市场，其产品的口味和食材显然偏向西方风味。这一点与中国消费者的传统口味存在较大的偏差，导致其并不能完全符合大多数中国消费者的饮食习惯和需求。相较于其他西式快餐连锁而言，其产品的品质和口味优势并不明显。

在当前的全球化商业环境中，一个品牌的产品优势和本土化策略对于其市场份额至关重要。针对赛百味在中国的市场定位，尽管它始终倡导健康饮食的核心价值观，但产品的口味却鲜明地展现出西式风格。这与中国广大消费者深植的饮食文化产生了碰撞。即使在与其他西式快餐对比时，赛百味的产品在口味和品质上的优势也并不明显。

3. 价格偏高

在价格维度上，赛百味在中国市场的定价与其在西方市场的低价策略有很大不同。平均40元的客单价远高于中国主流快餐的平均30元左右的价格，这在一定程度上打击了价格敏感的消费者群体。尤其在快餐市场，价格往往是消费者非常关心的因素之一（如图8-11所示）。

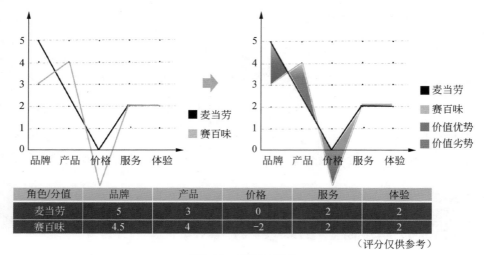

角色/分值	品牌	产品	价格	服务	体验
麦当劳	5	3	0	2	2
赛百味	4.5	4	-2	2	2

（评分仅供参考）

图8-11　赛百味评分

赛百味在中国市场的低迷状态，主要原因在于价值系统的核心项中品牌维度与价格维度均明显低于同行业竞品。但对于赛百味这样有实力的国际连锁品牌来说，针对中国市场的情况，及时做出调整应该也不在话下。

8.3　咖啡行业的新生态

星巴克——重新定义第三空间与体验

星巴克，源自美国西雅图的一家咖啡连锁品牌，自1971年以来，已经从一个小型咖啡豆零售商发展成全球最大的咖啡店连锁品牌之一（如图8-12所示）。目前拥有超过32000家分店遍布世界各地，星巴克以其优质咖啡、舒适的店铺环境和卓越的客户服务闻名，在全球范围内树立了特色饮品和咖啡文化的新标准。当然，我们也从星巴克的发展历程中，找到了众多错维竞争的影子。

图8-12　第一家星巴克美国西雅图店[1]

1. 跨维创新与产品升维

创始人霍华德·舒尔茨在访问意大利后，深受其咖啡文化和"第三空间"概念的影响，将咖啡店重新定义，为消费者提供空间体验服务。

在意大利，咖啡厅不仅仅是买咖啡的地方，更是社交、聊天、阅读和放松的场所。这触动了他的灵感，他认为美国市场也渴望这种社交体验。回到美国后，他开始着手将这一概念和经验移植到星巴克，将咖啡与会客厅的概念融合。在店内设计和环境方面，星巴克营造了一种舒适、温馨，同时具有高端感的氛围。豪华的沙发椅、木制的家具和装饰等，都是为了让顾客能在这里度过自由惬意的时光。

更为关键的是，星巴克的崛起恰好搭上了美国中产阶级崛起的大趋势。在

1　图片来源：https://www.starbucks.no/en/about-us。

经济持续增长和消费文化盛行的背景下，人们开始追求更高质量的生活体验。星巴克不仅提供了优质的咖啡，还提供了一种社交空间与生活方式，满足了美国中产阶级对于优雅、舒适的生活和社交的需求。这种融合创新使星巴克成功地从一个小型的咖啡豆零售商变成了全球最大的咖啡连锁店。它不仅改变了人们对咖啡的认知，还成功地将咖啡文化普及到了全球。

在咖啡产品层面，星巴克也进行了一系列的创新。由于传统美式咖啡的受众群体有限，在舒尔茨的推动下，星巴克引入了拿铁、卡布奇诺等意式咖啡饮品，并注重提升咖啡的品质和口感，将咖啡与牛奶、糖重新融合，这样一来，咖啡不再难以入口，而是变成了香浓的咖啡饮品，受众群体也因此扩大开来。

2. 品牌升维

除了空间的体验升级之外，星巴克的形象升级对于其品牌的拉动也有重大的意义。高识别度的双尾美人鱼标志是其品牌战略的重要元素之一。其设计灵感来源于 16 世纪的北欧传说，美人鱼是海洋的精灵，象征着探索、冒险和神秘。它也同样呼应了星巴克追求高端、雅致生活方式的品牌调性。

在品牌形象、产品与体验等维度提升的同时，星巴克将当时的咖啡价格提升至 4 美元一杯（那个时代一杯咖啡通常只有几美分），一时间星巴克与最贵的咖啡画上了等号。这一创意方式（错维创意）迅速引爆了各类媒体的营销。社会精英与明星也开始纷纷打卡星巴克，分享自己在星巴克的体验，无形中提升了品牌的知名度。因此在星巴克，人们不仅仅是为了一杯咖啡而来，更是为了品牌背后所代表的一种身份认同、生活方式和价值观而来。

在名人和社会精英的推动下，星巴克的品牌影响力逐渐渗透到了大众市场。人们开始将星巴克看作一种社会地位和品位的象征，愿意为它买单也就不足为奇了。这种由上而下的品牌塑造和市场推广，极大地推动了星巴克全球化的成功。

3. 体验增维

可以说，星巴克的体验是一种全方位的咖啡文化的体验。在最早期的门店中，星巴克会将烘豆的香气排向街道，这种独特的气味吸引了大量的路人，提升了品牌知名度。这种气味营销方式，不仅使得星巴克咖啡的香气成为一种标志，也提升了人们对品牌的感知。这一嗅觉体验在今后的门店拓展中被很好地保留下来。如今，无论在世界的任何一家星巴克，熟悉的咖啡香味一定都是那个不变的要素，它能够将你迅速引入这个品牌独有的咖啡文化之中。

身处星巴克的不同门店，你都会被店内的咖啡文化展示深深吸引——墙壁上悬挂着形形色色关于咖啡的图片和文字，描绘着咖啡从种子到杯中的全过程（如图 8-13 所示）。详尽的介绍让你可以一边品味着手中的咖啡，一边了解咖啡豆的种植、采摘、烘焙到冲泡的每一个环节。精心陈列的咖啡豆展示则将你带到世界各地的咖啡产区，感受那些遥远地区特有的风土人情，同时让你对每一种咖啡豆的特色有更加深刻的认识。

图8-13 星巴克臻选上海烘焙工坊[1]

---

1 照片。

星巴克的体验是由内至外的文化传递。在舒尔茨的推动下，星巴克推崇"咖啡师"的概念，强调他们不仅是制作咖啡的员工，更是一种专业的、值得尊敬的职业。开放式的制作吧台，能够让你更加直观地感受到咖啡的制作过程。你可以看到咖啡师会注重每一个细节，无论是挑选咖啡豆，还是调制咖啡，他们都是在用自身的专业与热爱，力求把每一杯咖啡做到最好。

在这些看似寻常的细节中，星巴克巧妙地将其品牌文化和咖啡文化交织在一起，为顾客提供了一个沉浸式、多层次的品牌体验。可见，星巴克的体验并不是简单的一句口号，而是其每一个元素都在无声地传达着品牌的理念和精神，让顾客在享用美味咖啡的同时，也能感受到这背后所蕴含的文化和价值。

而今星巴克正在不断强化自身的体验维度。2017 年 2700 平方米的全球最大的星巴克门店，臻选烘焙工坊在上海开业，星巴克将咖啡豆的烘焙工厂搬到了城市的中央。在这里，你可以看到星巴克在全球范围内从各大咖啡产区严格挑选高品质咖啡豆的信息，可以近距离观察到咖啡豆的严格储存设备与标准，体验到咖啡豆被精心烘焙的每一个细节。它更像是一个把咖啡艺术、工艺和文化融为一体的展厅。

瑞幸——从濒临破产到逆风翻盘

谈到咖啡，我们当然不能忽略一个只有 6 年历史的行业"黑马"——瑞幸咖啡。2022 年，瑞幸咖啡公布了第二季度的财报，净收入同比大增 72.4%，月均交易客户增长 68.6%。数据一出，业界哗然。人们纷纷热议，外界一致认为瑞幸终于迎来了"翻身"的机会，未来发展不可限量。截至 2023 年第二季度，瑞幸门店数量已达 10836 万家，成为中国咖啡连锁真正的"王者"。除了资本的力量之外，瑞幸咖啡一整套错维竞争的打法也是非常巧妙的。

1. 品牌升维

瑞幸咖啡创立时，市面上的咖啡连锁品牌较少，除了星巴克之外，多是以一些区域性的品牌为主。而星巴克由于强势的品牌力，获得了更高的溢价，这对于每天都要喝咖啡的办公室白领来说还是有压力的。那么能否用更低的价格，让消费者享受同样品质且品牌力不逊于星巴克的咖啡，成为一种潜在的价值（系统）需求。

为了在品牌维度上贴近国际品牌。瑞幸在选择明星代言方面也是下足了功夫。2018 年 1 月，两位国内知名影星汤唯和张震手持其标志性的"小蓝杯"亮相在各大楼宇的分众屏幕和微信朋友圈的广告中，即刻将这个相对年轻的品牌推向了公众的视野。

而瑞幸请重量级明星代言的习惯一直沿用至今，2021 年自由式滑雪世界冠军谷爱凌成了瑞幸的全新品牌大使。将这样一位年轻且在国际赛场上取得辉煌成就的运动员纳入代言人阵容，不仅为瑞幸注入了鲜活的、充满活力的形象，更在无形中强化了其国际化的品牌调性，使得其在竞争激烈的市场中更具辨识度和影响力。

2. 产品对标

在产品维度上，瑞幸咖啡非常善于与国际咖啡冠军的合作。2018 年，Agnieszka Rojewska（简称 Aga）——一位在 WBC 世界咖啡师大赛中荣获冠军的杰出咖啡师，宣布加入瑞幸咖啡研发团队，并出任首席咖啡大师的角色。她的加入，使其成为继井崎英典、安德烈·拉图瓦达和潘志敏后，瑞幸咖啡的第四位 WBC 冠军咖啡大师。Aga 不仅因其十余年的行业经历和卓越的顶级赛事表现而备受赞誉，更因其在杯测、冲煮、拼配及特调等方面的精湛技艺而被业界瞩目，尤其是她在拿铁的风味和外形呈上的卓越技巧，赢得了"拿铁女王"的美誉。

Aga 力荐的"小黑杯·SOE 耶加雪菲澳瑞白"自推出以来便在全国范围内引起了热烈反响，凭借其精心调配的黄金比例和卓越的风味，赢得了众多咖啡爱好者的追捧。冠军咖啡师的加入，增加了消费者对于其咖啡更好口味与更高品质的心智认知，也使得其在产品维度的分值趋向星巴克的评分。

3. 价格优势升维

当品牌维度与产品维度的分值都贴近星巴克的同时，瑞幸还选择了价格优势维度的升维。瑞幸运用移动互联网优势，新用户只要下载 App 或老客户邀请新用户都会获得免费咖啡，所有用户又不断地被新的优惠券活动激活，瑞幸咖啡通过一套完整的引流、激活再到二次传播的打法，成功引爆了市场。很难想象，一杯星巴克咖啡需要 30 元时，品牌形象与产品质量都十分接近的瑞幸咖啡只要五六元钱（市场拓展期间）。在正常营业期间，最终瑞幸咖啡的定价区间被锁定在 10～20 元，这一价格不仅是星巴克的 1/2，也恰是国内消费咖啡饮品的主流价格区间（如图 8-14 所示）。

4. 聚焦单品

在瑞幸咖啡的初创阶段，常因咖啡的品质而遭到消费者的批评，甚至被诟病为"刷锅水"。虽然这部分可以归因于那个时期咖啡尚未普及，许多人对现磨咖啡的味道还不太适应等，但不能忽视的是，瑞幸的产品在早期确实面临着问题。

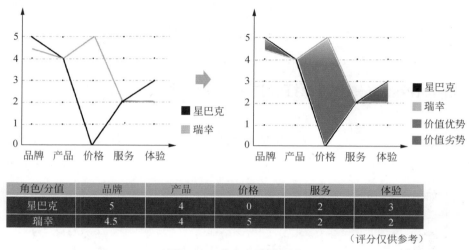

角色/分值	品牌	产品	价格	服务	体验
星巴克	5	4	0	2	3
瑞幸	4.5	4	5	2	2

（评分仅供参考）

图8-14　瑞幸咖啡的评分

因此，产品维度的升级成为其战略转型的核心议题之一，从多而全的咖啡产品线转为以超级单品驱动的模式。2021年，生椰拿铁的问世成为瑞幸发展的一个重要里程碑。在同年的6月，该款咖啡的单月销量超越了1000万杯，创下了瑞幸新品销售的新纪录。

然而，这背后不仅仅是产品研发的成果。瑞幸产品线负责人曾表示："我们不相信碰巧，更相信数据。"这点说明，在瑞幸打造每一个爆款的背后，都不是偶然的成功，而是一套包括大数据收集在内的精密体系和严格的筛选机制。在实际的操作中，瑞幸有可能对一个产品进行多达10个不同口味的研发，全方位进行数据测试，并根据这些实际的数据反馈来决定最终上市的产品形态，以确保其最大限度地符合市场需求和消费者口味。

综上，瑞幸咖啡的成功源于其出色的错维竞争路径，但其本质上也是新技术应用对于传统业态的一次降维打击。试想一下，我们很多创业者还停留在用了什么样优质的咖啡豆或咖啡机，而瑞幸早已完成了在数字化领域的应用。那么，如此高维的品牌，你想好如何与之竞争了吗？

%Arabica——迅速蹿红全球的新晋"网红"

%Arabica，一个迅速在全球咖啡圈蹿红的名字，不仅仅是一个品牌名称，更是代表了一种专注于提供顶级咖啡体验的执着信仰，2013 年创立于日本京都（如图 8-15 所示）。当然它的成功，也源自其独特的破圈方式。

图8-15　%Arabica Kyoto Higashiyama 京都东山店[1]

1. 产品升维

创始人 Kenneth Shoji（东海林克范），出生在一个日本商人家庭，自小便

1　图片来源：https://arabica.coffee/en/。

伴随着父母的环球旅行，在与不同文化和人群的交流中逐渐发酵出对咖啡的独特情愫。为践行他的理想，Kenneth Shoji 在夏威夷购买了一座咖啡豆庄园，并成功拿下世界领先咖啡机品牌 Slayer 的日本总代理权。"Arabica"一词代表着上等、优质的咖啡豆；而高识别度的 %Arabica 的标志，就是那个 "%"，象征着咖啡树枝干与两颗成熟的果实，在这个小小的符号里，包含了品牌追求卓越与纯粹的精神内核。当然，也正是这样的独到之处，让 %Arabica 成为全球咖啡爱好者心中不可或缺的存在。

秉承着日式的匠人精神，Kenneth Shoji 在打造 %Arabica 这个品牌时，也将追求极致咖啡的理念融入其中。他与世界拿铁拉花冠军三口淳一及建筑师加藤联手，将简约而又现代感的设计元素，如白色的玻璃幕墙和木质吧台，融入每一家店铺中。墙上挂着的金色世界地图，一方面彰显了创始人自小周游世界的经历，另一方面也诉说着品牌的理念，那就是"透过咖啡看世界"。

在 %Arabica，每一粒咖啡豆背后都有一个故事，讲述的是土壤、气候和农民的辛勤付出。他们选择的豆子，如单一产区的埃塞俄比亚耶加雪菲豆，通常都展现出显著的地理和气候特征，同时，%Arabica 通过精确的烘焙技术确保了这些特点得到了最好的呈现。%Arabica 在每家门店之中都会设置一个烘豆区域，这样就可以让消费者体验最新烘焙的咖啡豆。与大众的咖啡连锁品牌不同，%Arabica 一直坚持精品咖啡路线，坚持专业咖啡师使用半自动咖啡机进行现场的制作，并进行手工拉花。

2．颜值升维

除了好的咖啡，%Arabica 同样也是一个玩转空间美学的高手。与其说这是一次颜值的升维，不如说它构建了一种全新美学体验。当然，我们也可以用"千店千面"来形容 %Arabica，因为你找不到两家相同设计的 %Arabica 门店。每一家店面都由专业的设计团队量身打造，坚持着品牌核心的同时融入了所在城市的特色文化，形成了一个既保持品牌一致性又体现地域特色的独特门店形式（如图 8-16 所示）。在合作方面，%Arabica 积极与全球设计师和建筑事务所（如 Studio Precht、Cigue、Tacklebox Architecture 等）进行跨界合作。

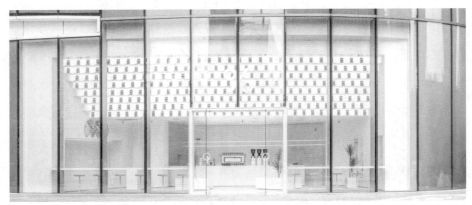

图8-16　%Arabica Chengdu ICD 成都ICD店[1]

细腻的材质选择、精确的空间布局，以及与自然环境的和谐共处，不仅体现了其对极致美学的追求，也在无形中展现了一种"少即是多"的哲学理念。这种深度融合品牌理念与空间设计的方式，吸引了无数忠实粉丝，也让 %Arabica 在众多城市中成为不可或缺的网红打卡地。

1　图片来源：https://arabica.coffee/en/。

8.4　服饰行业的大变局

LV——无法忽视的时尚品牌巨头

当我们谈到奢侈品品牌，Louis Vuitton（简称 LV）无疑是这一领域无法忽视的巨头。自 1854 年由 Louis Vuitton 在法国巴黎创立以来，这个以制作高级旅行箱而起家的品牌逐渐发展成全球最具影响力的综合性奢侈品品牌之一（如图 8-17 所示）。

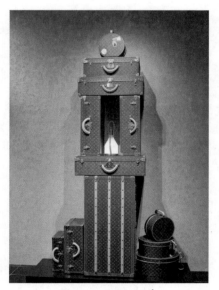

图8-17　LV品牌[1]

在 19 世纪中叶，一个名叫路易·威登的年轻人在法国开始了他的人生奇

1　照片。

遇。出生于贫困的木匠家庭，16 岁的他离开乡下，步行数百公里抵达了巴黎，开始了在制箱厂的工作生涯。他凭借精湛的手艺、极强的耐心和独特的才华，开始制造出精美无比的旅行箱，逐渐赢得了社会上流阶层，乃至皇室贵族的追捧，热衷于时尚的拿破仑三世的妻子欧仁妮皇后也是其中一员。这也可以看作一次成功的品牌升维。

在那个时代，皇室贵族被视为社会地位和品位的标杆，他们的行为和选择往往会被大众追捧和效仿。因此，当皇室贵族选择使用 LV，也就间接提升了 LV 的品牌形象，促使其成为象征着优雅、奢华和卓越品质的全球知名品牌。

路易·威登的儿子，乔治·威登，也继承了他父亲的创新精神和独特眼光。1896 年，他以瓷砖的花纹为灵感，设计出独特且易于识别的图案 LV Monogram（LV 老花）。在高度竞争的奢侈品市场中，识别度高的品牌更容易在消费者心中留下深刻的印象。"老花"图案的设计简洁明了，无论是交叉的"L"和"V"，还是四个花瓣的图形，都能在第一时间被人们识别出是 LV 的产品。

"老花"图案不仅是 LV 品牌的象征，也是消费者身份的象征。当消费者选择 LV 的产品时，他们并非只是购买一个行李箱或是一个手提包，而是购买的代表着自己优雅、奢华生活方式的象征，以及自我身份的识别方式。因此，"老花"图案不仅强化了 LV 品牌的识别度，也成功地使品牌与消费者的身份紧密相连。

与大众品牌售卖产品不同，奢侈品售卖的更多是设计与引领趋势的创意能力，因此设计总监对于品牌的影响同样是至关重要的。在 LV 的发展进程中，Marc Jacobs（马克·雅可布），以其"艺术即时尚"的理念，携手多位艺术家，将 LV 引领至艺术与时尚的交融新境界。Nicolas Ghesquière（尼克拉·盖斯奇埃尔），关注品牌与未来的对话，通过注入科技元素和前卫设计，为 LV 在全球奢侈品市场树立了卓越的形象。而已故 LV 男装艺术总监 Virgil Abloh

（维吉尔·阿布洛），他以极富创意的设计理念，将街头文化与奢侈品的巧妙结合，刷新了我们对传统奢侈品的认知，也进一步加深了品牌与年青一代消费者之间的情感联系。当消费者选择 LV，他们投入的不仅是财富，更是对一种文化和生活方式的追求与认同。在奢侈品领域，这种文化与情感的深度连接，正是 LV 得以保持其独特魅力和价值的不二法门。

在不断演绎自身经典的同时，LV 以其过人的前瞻视角和开放理念，与各领域实力派展开联名，形成了一系列令人印象深刻的创新之作（如图 8-18 所示）。村上隆带来的波普艺术图案，Supreme 融入的街头文化元素，或是与 Apple Watch 共同塑造的科技时尚腕表，每一次的跨界尝试，LV 都准确把握流行脉动，用与众不同的设计和独到的市场洞察，再次确立了其在奢侈品领域的领导地位。

图8-18　LV草间弥生主题[1]

无论是奢侈品牌，还是中、高、低端品牌，在借势与用势的层面其实都是一样的。

2023 年 LV 与波普艺术大师草间弥生的合作再次拉开序幕，在全球范围内

1　照片。

又掀起了一股波点风潮。这些多元而富有深度的联名合作，既是 LV 品牌向世界展示其非凡设计实力和创新精神的窗口，也是其不断探寻和实践的过程。每一场联名的背后，都是一次文化和理念的交流与碰撞，不仅丰富了 LV 的品牌内涵，也让其在全球市场上始终保持着不可撼动的影响力与持续的关注焦点。

ZARA（飒拉）——买得起的快时尚

ZARA，以其创始人阿曼西奥·奥特加（Amancio Ortega）之独特视野和战略，在全球时尚界拔得头筹，不仅多次使奥特加跻身"世界首富"的行列，更使 ZARA 成为国际时尚圈的领军者。奥特加的成功，在于他对快时尚的独到解读：他将时尚比喻为新鲜出炉的面包，美味而时效性极强。基于这一理念，ZARA 坚持"快"作为品牌的核心运营方向，通过敏锐捕捉全球时尚潮流，并迅速通过其强大且灵活的供应链将这些流行元素转化为消费者身上的服装，确保品牌始终站在时尚的最前沿。这一模式不仅赢得了全球消费者的热烈响应，也稳固了 ZARA 在国际快时尚行业的重要位置（如图 8-19 所示）。

图8-19　ZARA门店[1]

1　照片。

独特的价值系统也是其成功的重要原因，下面，我们从错维竞争的视角重新审视 ZARA 品牌成功的路径。

1. 用好潮流与时尚的趋势

ZARA 通过巧妙的方式将其品牌推向市场的前沿，其战略不在于创建新的时尚潮流，而在于精准且迅速地捕捉并复制现有的高端流行趋势。ZARA 派遣"时尚猎人"深入全球各大时装发布会、时尚都市街头和校园，敏锐地捕捉最新的时尚脉搏。设计师团队紧随其后，将这些趋势进行再设计并借助 ZARA 高效的产业链迅速转化为实物产品。

而在门店布局上，ZARA 的策略同样独到——选择将其店铺置于奢侈品牌，如 LV 和 Chanel 等的潮流大牌邻近，例如在繁华的巴黎香榭丽舍大道或米兰的金三角购物区，简约而吸引人的 ZARA 店铺便醒目地矗立在奢侈品店的旁边，且门店形象丝毫不亚于任何品牌。这样的布局不仅让 ZARA 直接与顶级品牌进行对比，突显其高性价比的优势，还能降低消费者的购物心理预期，巧妙地推动他们的购买决策，展现出一种与奢侈品牌截然不同的品牌价值。

2. 价格升维：亲民化

在完成了品牌形象和产品设计与时尚大牌贴近的同时，ZARA 的价格升维是其魅力所在。

它巧妙地找到了消费者对于"奢华"的向往与价格的敏感性之间的平衡点。它并不直接与奢侈品牌竞争，而是将其定位明确地放在了高性价比的区域。

考虑到一件时尚大牌的服装动辄数千元或上万元的价格，ZARA 将其价格体系设置在这些大价格的 1/10 或更低。这种主动的价格升维降低了消费者的购物门槛，使更多的人能够体验到走在时尚尖端的感觉，而这正是 ZARA 成为全球快时尚领军品牌的关键所在。它成功地打破了"高品质等同于高价格"的传统观念，通过提供物美价廉的产品，吸引了一个庞大的、忠诚的消费者群体。

3. 速度与多款少量: 12 天的神话

ZARA 利用其高效的制造系统，将一款新产品从设计到上市的周期缩短到 12 天，极大地打破了那个时期服装行业的惯例（一般需要 90 天到 180 天）。这背后依赖的是一个快速的信息反馈机制，设计团队能够迅速通过线上获取到全球各地最新的流行趋势信息，进而触发其高效的生产线。最令人印象深刻的是，ZARA 专门修建了一条长达 200 千米的地下铁路，将工厂与物流机场连接起来，确保能够以最快的速度将新款服装，在最短的时间内到达全球商店。

此外，多款少量也是 ZARA 的拿手好戏，断货断码都是常有的事，这就是 ZARA 营造的"稀缺感"。因为它每年要推出数以万计的新款，所以要控制每款服装产量，这样的操作也间接增强了由于商品紧俏而引发的购买力。

ZARA 针对时尚大牌，用错维竞争方式，在高级时尚奢侈品和亲民价格之间找到了一个完美的平衡点。它让我们明白，时尚并不只是巴黎或米兰的专利，任何地方，只要有创新和速度，都能够领跑时尚。如今，ZARA 不仅是他所属集团 Inditex 的明星品牌，更是全球服装零售业的一面旗帜。

SHEIN（希音）——隐秘的跨境电商巨头

如果你认为，时尚服装的价格做到 ZARA 这样已经非常便宜了，且服装前导时间 12 天已经是行业极限了，那你就大错特错了。一个来自东方的品牌早已横空出世。2022 年 4 月 14 日，据《华尔街日报》报道称，中国跨境电商巨头 SHEIN——希音在最新一轮融资中的估值为 1000 亿美元，这个市值预计将超过 H&M 和 ZARA 两家企业的市值总和。

希音，一个极其低调的中国品牌，以每年超过 100% 的疯狂增长席卷全球时尚界。在很长一段时间里，它几乎成为国外年轻消费者网购低价服装的首选，下载量超亚马逊，营收过千亿元的希音不只是"快时尚"的颠覆者，更是外贸圈的一匹"黑马"。

1. 价格优势与上新速度的再次升维

创始人在 2008 年创立了"希音"这个品牌，由于他从前从事的工作是搜索引擎优化，这给他到西方国家打造融合"社交媒体 + 网购"的中国式社交商务带来了很大的灵感。特别是它的制造方式极具革命性，令人不得不为之叹服，使其摇身一跃成为全球知名网红品牌。

希音的胜利不是偶然，而是必然。在快节奏生活的城市里，希音的最大核心竞争力就在于"价格低、上新快"，这恰恰符合年轻人追逐时尚的心理需求。但相比 ZARA 等传统的快时尚品牌而言，希音对于低价、上新快又有了全新的定义。

在价格维度上，希音相比同行的其他品牌都要低廉几倍。用户仅需花费 10 美元左右的价格就能买到自己心仪的服饰，而同样款式在 ZARA 可能需要 30 美元以上。价格上的薄利多销让希音吃尽了甜头，因此它又进一步推出了各种打折活动，比如 2020 年的圣诞前活动大促销，用户可在活动期间享受打八折的优惠福利。

在上新速度的维度上，希音堪称快时尚界的"神速"典范。根据其官方数据，希音一月的上新商品数量高达1万多件，与ZARA一年的销量持平，以此类推，它一年推出的新品数量能够超过10万件，其惊人的速度让业界众多品牌望尘莫及。

希音同样也是一家大数据公司，所以希音上新的逻辑是：每天上新大概300种新品，每个款式先生产100件，如果消费者购买数据较好，就继续生产推销；如果消费者数据差就直接下架，丝毫没有回旋的余地。它不同于以往企业只盯住消费者心理去选择正确答案，而是认为那些被排除在错误答案之外的款式才更能占领市场。

2. 独特的"小单快反"模式

希音的这些优势都源于其更加柔性的供应链与独特的"小单快反"模式。该模式贯穿了品牌的整个供应链管理，不仅注重在小规模的生产中捕获和验证市场需求，而且强调以迅速、灵活的方式对市场反馈进行响应。在这个模式下，"小单"确保了资源的高效利用，新款服装100～200件就可以定做，并显著减少了过度生产带来的经济风险和库存压力；而"快反"则使品牌能在第一时间捕获热卖款式继续追加订单，从而实现在极短的市场周期内提供极具竞争力的产品。

这样的供应链优势，同样也加快了服装的前导时间，将ZARA创造的12天纪录再次压缩到5天的时间。希音的数码印花厂甚至能在24小时内完成面料的打样、生产并送达成衣厂，确保了生产流程的最大效率化和最小时间化，这也是希音能快速响应市场、持续推出新品的重要支撑。

与传统服装品牌靠线下门店获客的方式截然不同，希音能够如此快速地成为国外消费者内心最认可的快时尚品牌，是由于其恐怖的线上营销实力。它的市场业绩离不开以下两大"流量护城河"的支撑。

一方面，品牌官网的流量营销以及社交媒体的裂变营销，其官网就像一个庞大的私域流量池，用户几乎毫不受"遗忘曲线"的影响，一旦进入网站就会驻足很久，不愿离开，其跳出率才将近30%。

另一方面，希音运用互联网社交裂变营销打破了流量的时空壁垒，通过Instagram、Facebook、YouTube、TikTok等海外社交平台吸引大量的粉丝，让网络红人与老客户分享带来潜在的新客户，这种成本低、获客快的吸睛方式也是对传统品牌的降维打击。

品牌流量持久的增长离不开连续不断地拉新、激活和高成本的运作，希音用低成本获取高流量，绝非同行其他企业轻易就能参考的。希音成功地依托了国内的产业链与营销模式的优势，为中国品牌出海做出了很好的榜样。在未来，我们也希望看到更多优秀的中国企业与品牌在国际的跨境舞台上绽放东方的智慧。

09 第9章
错维下的品牌打造：
先错维，再错位

在未来品牌的竞争中，错维竞争与错位竞争都是必不可少的。我们将品牌战略划分为两个阶段来思考，那就是"先错维，再错位"，也可以理解为"先定维，再定位"。首先，错维竞争（或定维）决定了，你与竞争对手之间纵向的势能强弱关系。错维竞争聚焦在企业如何通过在不同的维度上寻找或创造与竞争对手不对称优势。企业需要首先确定在哪一个或哪几个维度上与竞争对手展开竞争。

错位竞争（或定位）决定了你与竞争对手之间横向的差异问题。错位过程着重在于怎样在消费者心智中占据一个独特、难以替代的位置，并在这个位置上与竞争对手保持足够的差异化。错维竞争与错位竞争相辅相成，在市场竞争中构建出一种结合了内在竞争力和外在品牌形象的综合优势。

那么，这一章我们就来聊聊，错维后的那些错位竞争。

9.1　品牌的错位路径

在错位竞争中，人群、场景、品类是形成差异的最为核心的三大要素（如图 9-1 所示）。由于商业是围绕消费人群展开的，那么找到品牌的核心人群，就可以深入地洞悉他们的喜好。场景反映了精准的消费需求；在场景之后，就是品类的竞争，而品类则代表了自身优势（价值）、与竞品的差异、市场的空间等。

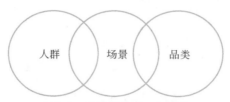

图9-1　品牌错位的3大要素

人群：品牌的核心受众群

"人群"指的是品牌核心的消费者群体，他（她）们是品牌战略的出发点和最终的归宿。理解和深入挖掘这一核心人群的消费偏好、价值观、购买动机等方面，使品牌能够精准传达其价值主张，形成与其他竞争者不同的特色和优势。在这个框架下，找到并深入理解品牌的核心人群，变成了解其真实、深层次需求的关键。

核心消费人群的划分可以通过不同的要素进行：①身份划分如"学生""上班族""企业主"，揭示了其特定的生活场景和消费能力；②财富水平直接关联到购买力和价值取向；③性别和年龄分别影响购物动机和产品偏好；④区域因素考虑了地域文化和消费水平的影响；⑤喜好剖析了消费者的个性化需求；⑥在某些文化背景下，甚至星座和血型也能作为辅助工具用于揭示或构建某些消费者画像。

在确定好核心人群后，就需要深入了解他们的生活习惯与喜好，懂得用他（她）们的特定沟通语言来安抚他（她）们的情绪。因为未来品牌的传播，都是一种在跟消费者"对暗号"的过程，如果你不懂得用他们的方式与之沟通，就很难引起他们的共鸣。

场景：消费者与品牌欢聚的舞台

哈佛商学院教授克雷顿·克里斯坦森（Clayton Christensen）曾在其多个著作中提到了一个观点就是：人们实际寻求的并非产品自身，而是产品所能解决的特定"工作"场景中的问题，以及这个场景对个体的情感和生活含义所带来的影响。

可见，场景其实可以被理解为消费者需求的映射，它是消费现象的底层逻辑。也正是由于消费者有了某种场景的需求，才去寻找相应的品类去填补需求。所以场景的占位是要优先于品类占位的。"场景"可以看作品牌与消费者实际互动的舞台，它代表的是商品或服务被应用或消费的特定情境。产品或品牌需要与特定场景绑定才会发挥其真正的价值，那么如何能够洞察到细微的场景就成了至关重要的议题。

诸多优秀的品牌都非常擅长运用与特定场景的绑定，来提升自己在消费者心中的占位。例如，每到春节将至，可口可乐就会推出新年礼品套装，来迎合中国人春节走亲访友的场景；星巴克也会针对中国的中秋节推出自己特色的月饼礼盒或礼物；在"5·20"期间，花西子就会推出其他国风特色的口红礼品等。

在探索场景的过程中，我们需要明白，场景不仅仅是一个物理空间或时间点的问题，而是一个包含了人群、时间、地点和事件在内的综合体。例如，一个简单的喝咖啡的行为（事件）可以因为在图书馆（地点）的黄昏时分（时间）与好友（人群）进行，而构建出一个全新的消费场景。这其中的每个要素都至关重要。

1．人群，我们不仅需要关注一群人的总体特征，还要关注他们的需求、习惯和偏好。明确目标人群是场景创建的起点，他们决定了产品或服务需求的性质和特征。

2．时间不仅代表了场景所发生的时刻，还与我们的情感和行为模式紧密相连。比如，早晨和夜晚可能分别引发出不同的消费需求和情感体验。

3．地点带来的不仅是物理空间上的体验差异，还涉及文化、社交和心理等多个维度。

4．事件通常是触发消费的直接原因。它可以是日常的、节日的或特殊的非日常事件。

此外，品牌能够洞察"场景"的能力就是它能够获得持续发展动力的一种表现。很多细微的场景需求之中，甚至藏着巨大的市场空间，比如：在三四五线城市的平价餐厅中售卖热毛巾，为城中村的经济旅店的常住客提供换洗床单等。虽然这些生意时常并不被我们看中，但在下沉市场中，很多人却因为发现这样的消费场景需求而获益匪浅。这些在大都市高端场所中司空见惯的服务，却在下沉市场大行其道，其实这也侧面印证了大城市对于下沉城市趋势的借鉴意义。换句话说，所有在一线城市高端场所免费的服务，都值得在下沉城市中以收费的方式重来一遍。

在音乐设备领域，韶音耳机就洞察到了热爱运动人群在运动中听音乐的这一细分场景。在这个场景中，你会发现剧烈的运动过程对于传统耳机是一个非常严峻的挑战：①运动中传统耳机非常容易脱落，且长时间佩戴会不舒适；②入耳式耳机很容易让运动者听不到外界的声音而导致一定的危险；③剧烈运动的噪声对于耳机的音质影响非常巨大等。

就在这样的背景下，韶音耳机（如图 9-2 所示）巧妙地将骨传导技术引入运动耳机中。值得感叹的是，正常环境中音质平淡无奇的骨传导耳机，却在运动的场景中以最佳的解决方案脱颖而出。这不仅解决了运动中的安全与舒适问题，还意外地提升了在嘈杂环境下的音乐体验。如此一来，运动者们不再需要在动听的音乐和安全、舒适之间做出抉择。

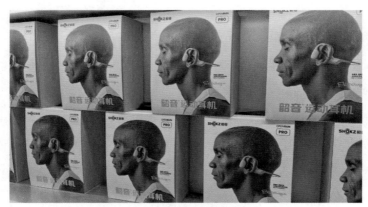

图9-2　韶音耳机[1]

2021 年至今，韶音邀请目前世界马拉松世界纪录保持者人埃鲁德·基普

1　照片。

乔格成为其中华区的代言人。在此期间基普乔格依旧保持着巅峰的状态，并在2023 年 9 月 24 日，以 2 小时 2 分 42 秒夺得他的第五次柏林马拉松冠军。基普乔格的代言获得了出色的效果，这不仅是一次成功的品牌升维，同时也印证了韶音领跑运动耳机赛道的决心。除此之外，韶音正试图细分更多的运动场景，全新 Openswin 系列就是在游泳场景中又一个全新的尝试。

除了深入洞察不同的应用场景，挖掘其内在的需求和商机之外，我们还需要清晰地了解场景的发展趋势——场景在不停地融合与分化。

在场景的分化中，将一个广泛的应用场景细化为多个更具体的子场景可以更精确地匹配消费者的实际需求和情感期待。例如，将"零食"这一宽泛场景细分为"餐后零食""看剧零食""看球零食""减脂零食""夜间零食"等，每一个子场景都对应着不同的消费动机和情感体验。餐后零食可能更注重口感的丰富多变，看剧零食或许追求方便不沾手，而减脂零食则需要兼顾口感和健康因素。

在场景的融合上，将两个或多个独立的场景整合为一个全新的场景可以创造出全新的消费需求和体验。以"brunch（早午餐）"为例，它融合了早餐和午餐这两个独立的饮食场景，不仅兼顾了两餐的食材和口味特色，还创造出一个适宜闲聊和享受悠闲时光的新场景。它满足了现代都市人在周末寻求放松、社交和品味生活的需求，从而在餐饮市场中占据了一席之地。这种基于场景融合的创新，有可能催生出全新的消费习惯，进而培育出一个新的市场细分领域。

总而言之，无论是洞察新的消费场景需求，还是分化与融合获得新的场景，背后都是对消费者需求的深刻理解。诸多营销理论会引导创业者找出自己品牌的"卖点"。殊不知记住场景背后的"买点"才是我们需要深刻思考的方向。因为"卖点"主要关注的是品牌自身的角度和主张，而我们真正需要深入探讨的，其实是藏匿在各个消费场景背后的"买点"。"卖点"和"买点"虽仅一字之差，却揭示了两种截然不同的视角：前者是以品牌自身的视角出发，后者则是立足于消费者的角度，二者之间的异同正是我们在研究场景的同时，需要持续探索的方向。

品类：独特的竞技场

我们知道，"商品"是企业或品牌提供价值系统的载体，因此品类的选择，在品牌战略中成为至关重要的一环，它决定你的市场空间，以及你将面对什么样的竞争环境与对手。所以，如何通过错位的差异在所处品类中脱颖而出，成了老生常谈的话题。那么品类中的差异化如何实现呢？我们可以通过三个方向达成，分别是品类优化、品类分化与品类融合。

品类优化强调在现有的产品框架内通过技术、材料或服务升级来适应或预见消费者需求的演变。品类分化专注于在较大的市场中识别或构建更为明确和细化的消费细分市场，通过提供更精准的产品或解决方案来满足其特定的需求。品类融合则寻求通过将两个或多个不同的元素或品类结合，创造出独特且创新的新品类来满足交叉或复合型的消费需求。

1. 品类优化

品类优化是商业演化的缩影，体现了技术进步和消费需求对市场的双重推动。从智能手机的画质精进、VR 与 AR 世界的拓展，再到个性化购物的智能推荐，我们见证了一个个传统品类被重新定义的瞬间。在这个过程中，新的产品类别应运而生，满足了人们对于高效、环保、个性化以及沉浸式体验的渴望。

以音乐播放的载体为例，其发展历程揭示了技术创新和消费偏好如何共同塑造产品的生命周期。从黑胶唱片到磁带，再到 CD、MD，以至于 MP3、MP4，最终演化到在线音乐应用，每一个阶段的转变都不仅仅是存储媒介的更迭。这是一场关于便捷性、存储能力、音质表现、用户体验等多方面因素的综合革命。

除了技术的迭代之外，未来的品类优化多是由商品在使用中存在的矛盾点激发而来的。不经意间，你可能会发现生活中诸多细微的矛盾：比如我们在享受零食的美味时担忧的体重问题，或是在享用一瓶冰凉的碳酸饮料时患得患失于糖分摄入的忧虑，抑或是在涂抹精致的化妆品时担心皮肤的敏感反应，每一个小小的决策背后都隐藏着对舒适与担心间的不断权衡。

而正是这些微妙却普遍的生活矛盾，成为品牌创新和升级的源泉与动力。新品牌的诞生往往是根植于这些生活中的矛盾点，并通过智慧和创新化解这些问题，为消费者提供更优质、更贴合需求的解决方案。元气森林就是看到碳酸饮料的高糖会引发消费者的焦虑，从而将自己定位于"无糖专家"，这不仅迎合了消费者的潜在需求，还在无糖饮料这个细分领域创造了行业的"神话"。

无独有偶，在国际市场中，就有这样的一个中国品牌，依靠深度的洞察能力成为全球数码充电领域的无冕之王，那就是 Anker（安克）。通过深入了解 Anker 的成功之路，你会发现他们对于品类的优化有着自己独到的视角。

2011 年，身在美国的 Anker 创始人阳萌遇到了笔记本电池老化的问题，就在他上了亚马逊想要购买一个新电池时，他开始纠结起来：一个品牌原装电池高达 80 美元；而华强北的一块电池却只要 15 美元。这样巨大的落差引发了阳萌的思考，是不是可以有一种具备原厂品质且价格只有原厂一半的第三选择呢？窥探到了这一品类的优化空间之后，他决定回国创业。创业初期，他们开始筛选供应商小规模地生产笔记本和手机电池，贴上了自家品牌"Anker"并在亚马逊上架（如图9-3所示）。结果是惊人的，第一年就实现了1900万美元的销售额。

图9-3　Anker[1]

然而，新问题出现了，随着电脑与手机制造商开始将电池设计为不可拆卸，Anker的电池业务受到了威胁。创始团队意识到他们需要找到一个新的突破口。但他们并没有盲目地选择品类，而是开发了一套爬虫系统，在各大电商网站的电子产品的交易页面中寻找差评。根据收集的数据，Anker团队很快发现了手机充电头的矛盾所在，由于苹果、安卓以及笔记本的充电头各不相同，消费者在外出期间，就要选择携带不同种类的充电头，非常麻烦。那么一款兼容多种电子设备的充电器是不是会更加便捷呢？答案是肯定的，这款产品一经推出，再次获得了巨大成功。

Anker通过持续收集数据，还发现了手机充电线非常容易老化，充电宝太过笨重且颜值太低不适合女生等潜在的问题。因此，Anker陆续推出了超耐用甚至可以用来做车辆牵引绳的数据线，以及口红形状的迷你充电宝，都获得了超越预期的销量，也奠定了Anker充电王者的宝座。

不难发展，Anker的成长之路并不是闭门造车，能让他们取得如此出色成绩的，是懂得洞察消费者在电子消费品类背后的痛点，并将这些痛点合理地解决。2020年，Anker成功在深圳证券交易所上市，市值高达800亿元人民

1　照片。

币。在电充品类的基础上，它继续着自己的优化之路，并将业务扩展到音箱、耳机、扫地机器人和智能投影等硬件领域。

在未来，随着科技的发展以及大数据的加入，让我们感知品类矛盾的能力也得以提升，更多的新品牌的机会也会呼之欲出。

2. 品类分化

在自然世界的广阔舞台上，生物通过不断的进化与分化找到各自的生存之道——伪装成树叶的昆虫、在深海黑暗中自发光的鱼类，它们用自身的变化展示了生物多样性的奇妙。在商业领域，品牌也在不断地探寻并分化自己的"品类生态"，以适应多元化的市场需求。这些微妙的品类演变，正如自然界中的生物适应其环境，寻找或创造出各自的生存空间，让品牌在繁华的市场森林中找到自己独特的位置，呈现出无限的生命力与可能。

在当前的商业环境中，品牌细分已经成为一种普遍的定位选择，特别是在高度竞争的市场中，品牌可以用众多的维度对于品类进行深度的细分，例如体验、外观、材料、工艺、体验、档次等，以确保与竞争对手的差异性。

文化与体验细分：有多少种体验（文化）就会诞生多少种品牌。我们可以将各种各样的体验与品类相互融合，就像我们之前讲到的咖啡的例子，我们可以将创客的文化与咖啡结合，我们也可以将乐高拼图的文化与咖啡结合，我们甚至可以用考古的文化与咖啡结合等，以文化为核心，以产品为载体将会迸发出诸多有趣的品牌。

材料细分：例如眼镜行业，就可以将眼镜框的材质细分为贵金属、金属、板材、碳纤维、赛璐珞、牛角等，每个材料都可能诞生专业的品牌；在家居行业，有些品牌专注于使用实木、竹子等自然材料，以满足消费者对原生态生活方式的追求。

工艺细分：在手表行业中，有些品牌专注于复杂功能（如月相、双时区等）的制表工艺，吸引收藏家和专业人士；在陶瓷行业，有些品牌专注于手工制作和传统烧制工艺，吸引追求艺术和文化的消费者。

此外，品类细分不仅要求市场的可分割性，更重要的是品牌自身要具备与之匹配的核心竞争力。拥有绝对优势的市场往往意味着品牌在该领域有着无可替代的技术、资源或独特的消费者洞察。比如一个专注于特定技术的公司选择进入一个与其核心能力高度契合的细分市场，相比于盲目跟风进入热门但非其专长的领域，前者更有可能在市场竞争中脱颖而出。因此，成功的品类细分不是简单的市场选择，而是基于自身独特优势的深耕细作，这需要品牌对自身的深刻认知和市场的精准分析。

3．品类融合

品类融合指的是两个或多个不同的品类结合在一起，以创造出新的产品或服务。这种方式有助于品牌在繁杂的市场环境中寻找新的增长点，满足消费者不断升级和多元化的需求。它可以打破传统的品类界限，通过跨界结合，创造出新的价值和体验。我们在错维创意以及跨维的概念中，都有提到跨品类融合的概念。抛开错维创意的形式，那么品类融合可以从哪些方向入手呢？我们可以将品类融合分为两种形式。

1．同客群的不同品类融合，强调的是在同一人群下的品类的跨界融合。不同品类可以通过优势互补的方式获得新的物种，也可以通过不同品类的组合，形成全新形态。比如，市场中已经开始出现了中式鲜肉饼加一杯咖啡的早餐形式。

2．同场景的品类延伸。例如原本的商城只有购物的场景，而现在同场景的延伸场景中，还有吃饭、电影、娱乐等。商业综合体的形式就这样因众多品类的聚合而诞生。电竞酒店也是很好的同场景中品类延伸的例子。随着电子竞技的兴起，许多年轻人都抱团通宵打游戏，这时住宿已经成为潜在需求。因此，电竞酒店就是在提供住宿服务的同时，为消费者提供专业的电竞设施和环境。例如，酒店的房间内可能装有高配置的电竞电脑、舒适的电竞椅，甚至提供专业的电竞比赛直播。这种电竞酒店不仅能满足消费者的住宿需求，也能满足他们的娱乐需求。

总之，品类融合的核心在于创造超越原有品类的价值。通过整合不同品类或场景，新的组合如果能提供更高层次的消费者体验或满足未被覆盖的需求，便拥有更强的生命力。相反，新的组合未能超越原始品类，这种融合大概率只能作为一种差异化的策略来使用。

9.2　鲫鱼品牌

那么，除了以上常规的品类差异方式之外，我们是否可以找到其他的品类差异方法？当然可以，那就是"鲫鱼品牌"。

什么是"鲫鱼品牌"？

"鲫鱼品牌"这个概念灵感来源于大自然中的鲫鱼，与其他自由捕食的鱼类不同，这种鱼以非常独特的方式在海洋中生存（如图 9-4 所示）。它们有极其敏锐的嗅觉，能够嗅到大型海洋生物（鲨鱼、海龟等）释放出的化学物质，从而准确地找到自己专属的"免费班车"。

图9-4　自然界中的鲫鱼

它们会附在这些大型海洋生物的皮肤上，为它们提供清洁服务，同时从中获得食物。这种寄生关系为鲫鱼提供了生存的保障，同时也为宿主提供了价值。

在商业环境中，鲫鱼品牌就是指那些选择依附于火爆品类或大型品牌的附属品牌。这些品牌通过为所依附的大品牌提供延伸产品或特定服务，与强势品牌形成互惠互利的关系。例如，特斯拉 Cybertruck[1] 还未正式量产，一家名为 Space Campers 的公司就开始围绕 Cybertrcuk 定向研发了专用的露营套件（如图 9-5 所示），这一套件不仅用于 Cybertruck 内，还增加了外置配件，除了帐篷与床的配件，你还可以选择办公、娱乐、烹饪等多个模块。为了这么优秀

1　Cybertruck是特斯拉旗下的一辆电动皮卡。2019年11月22日，特斯拉首席执行官马斯克在美国加州洛杉矶举办的活动上发布了该公司第一辆电动皮卡。

的套件，是不是要马上下单 Cybertuck 了呢？

图9-5　Space Campers推出Cybertruck露营套件[1]

由此我们可以明确鲫鱼品牌的定义：鲫鱼品牌就是依附于火爆事物（现象、品类或品牌等），为其特定消费者提供延伸产品或服务的品牌。鲫鱼与所依附的品牌是互相依存的关系，强势品牌为鲫鱼品牌提供海量的客户，以及完成市场验证的明确的消费需求；而鲫鱼品牌为强势品牌提供没有精力去完善的延伸产品与服务，能够增加强势品牌的吸引力和竞争力。

在众多品牌的成长历程中，我们都会发展鲫鱼品牌的身影。在奔驰品牌的世界你可能会联想起诸多经典的系列，但是有一个名字或许你也不陌生，那就是 AMG。

一切始于 1967 年，一个安静的德国小镇上，两个年轻的梅赛德斯－奔驰工程师，汉斯·沃纳·奥弗雷特（Hans Werner Aufrecht）和艾尔哈德·梅尔切（Erhard Melcher）在一间不起眼的车库里，开始了他们的梦想。他们并不满足于已有的奔驰车型，他们希望通过自身的创造力，将原有的奔驰车型改造得更加不同。他们的目标，就像鲫鱼那样为所依附的品牌提供超预期的附加价值。

1　官网：https://www.pexels.com/zh-cn/photo/9951935/。

公司成功后第一项业务是优化奔驰 300SEL 的赛车引擎。他们的努力没多久就取得了回报。尽管在德国马拉松赛事中面临重重困难，但他们的车辆在比赛中获得了胜利。这个胜利带来的并不只是奖杯和荣誉，更重要的是，他们的技术和创新引起了奔驰的注意，这为他们提供了与奔驰官方更深入合作的机会。

AMG 最终在 1999 年被奔驰完全收购，成为其高性能车辆部门的一部分。这个转折点可以被看作 AMG 作为一种鲫鱼品牌的终极形态，不仅紧密依附于强势品牌，而且最终完全融入强势品牌，成为该品牌的一部分（如图 9-6 所示）。

汉斯·沃纳·奥弗雷特与艾尔哈德·梅尔切　　　　1971年SPA赛场上，AMG改装的奔驰300SEL获得亚军

图9-6　奔驰AMG历史[1]

看到了鲫鱼品牌的成长故事，相信对你如何找到自己的定位又有了新的思路。在创业初期，很多创业者很善于低头研发，然而却忽略了最为重要的市场与消费者需求的洞察。其实各行各业都存在诸如苹果、特斯拉这样的强势品牌，并已经形成了庞大的用户群体。那么此时，我们是否可以重新来定义自己的品牌，能够成为哪个领域中强势品牌的延伸产品或服务呢？请仔细思考，不必急于给出答案。

1　官网：https://www.mercedes-benz.com.cn/amg-brand/about-amg.html。

9.3　品牌发展变革

变革一：品牌颜值经济

随着移动互联网的不断普及，人们的社交行为经历了从线下到线上的重大转变。这种转变不仅改变了我们交流的方式，还重塑了他们评价产品和服务的标准，因为这些现在需要满足的，不仅是功能性需求，更是社交化展示的需求。

在这个变化中，社交媒体平台如微信的朋友圈、微博、小红书和抖音等成了新的"社交主战场"。在这些平台上，人们分享的不仅仅是生活点滴，更是他们的生活品质、审美水平和社会地位的展示。因此，消费者选择的产品，不再只是基于其质量或用户体验，而是基于"能否产生高质量的社交内容"或"是否足够引人关注"。消费者讨论的话题不在产品好不好，能否"出片"成了年轻消费群体的热门话题（如图 9-7 所示）。

图9-7　地球美食剧场餐厅上海店[1]

1　照片。

因此，当下我们已经进入颜值经济时代，品牌与消费者的互动已经不再局限于产品，而是如何打造一个沉浸式、高颜值的品牌体验场景。

2023年10月，三星在上海为其折叠屏手机造势，举办了"Unfold your world 折叠势·集"的快闪活动（如图9-8所示）。活动将科技与艺术完美融合，邀请了折纸艺术家温绮雯，以欧式经典建筑与纸艺为背景，为消费者打造了一场美轮美奂的打卡与出片的场景。"高颜值""好出片"的折纸艺术很好地契合了"折叠"的主题，成功吸引了大批网络红人以及城市青年赶去现场打卡。从过去的品牌要求消费者分享，到现在的消费者愿意主动为品牌分享，三星这次的快闪活动为许多品牌的营销方式做出了表率。

图9-8 三星"Unfold your world 折叠势·集"活动[1]

变革二：品牌年轻态

品牌年轻化一直是近些年被热议的话题，但是这个概念很有歧义，其实并非所有品牌都适合追逐年轻人的潮流。而是所有品牌，都需要让自己时刻保

1　照片。

持顺应趋势的"年轻态"。其主要原因，还是由于互联网加速了流行趋势的蔓延，加速了品牌自我迭代的周期。

每一行，每一业都在经历着漫长的更新迭代，能够留下来的大多是大浪淘沙后仍能处变不惊，在变与不变中重新审视新时代消费者的消费意识以及消费渠道变化的经典品牌。"烘焙行业 5 年洗牌一次"已不是什么新鲜的传闻。近几年，老牌糕点也想要紧跟潮流，要创新，要国潮，要复古，品牌年轻化的趋势不容忽视。毋庸置疑，拥有 30 年国产经典烘焙品牌的好利来，就在这一点上做到了出奇制胜。

一提到生日蛋糕，人们会不假思索地回答："好利来，那是我童年的回忆。"自 2014 年起，两个年轻的品牌二代主理人接班后，这个中国最大的烘焙连锁公司就从未停止过"推陈出新"。首先对线下门店进行了颠覆性的升级与改造，并不停迭代全新店型。部分门店的主色已换成了年轻女生们钟爱的粉色，服务人员也变成了清一色高颜值的"小哥哥""小姐姐"，直接拉满了门店的魅力值（如图 9-9 所示）。

图9-9　好利来（1）[1]

似乎只有年轻人才懂年轻人，二代主理人改良了好利来的传统单品，成

1　照片。

功引入的爆品"半熟芝士"，上市后几个月间就引爆了门店的销量。在产品创意方向，好利来也从不手软，并懂得结合本土化做好创新：在成都门店，糕点产品就会融入四川的文化。同时，为满足消费者好奇心理需求，还推出了"川辣三重巧克力和熊猫说唱系列"等限定款，引发年轻人自发分享、传播的行为，迅速出圈（如图9-10所示）。

图9-10 好利来（2）

好利来开始化身"联名狂魔"，只要年轻人喜欢的品牌和IP统统都要合作一遍。2022年，好利来在中秋佳节即将到来之际与42岁的哈利·波特IP联名，推出了"魔法世界""妖怪们的妖怪书"中秋礼盒，它们像是一个可以带你进入魔法幻境的魔盒，里面的哈利·波特海报、霍格沃兹会动的壁画直接把氛围感拉满，让你内心产生一万个"我要买"的消费冲动。

风格、颜值、产品上的耳目一新，使好利来稳稳成为消费者心目中的"NO.1"。其实，每个老牌的背后都需要有这种"百变"的精神，以极具冲击力的形式赋予品牌年轻态的效果，打破固有的格局，实现"千店千面"。不管你信不信，我们都不得不承认，行业底层的商业逻辑从来没有变过。

最后，还是那句老话，没有永远年轻的产品，但可以有永远年轻的品牌。

品牌的存在并不是完全地依靠产品。它更像是能够抚平人们内心安全感的"情绪管理员"，不论在什么时代，它都会以自己"受众"最喜欢的样子走进他（她）们的内心，治愈每一个需要它的人。

未来优秀的品牌——双高品牌

未来优秀的品牌将是双高的品牌，即高价值与高情商。在价值维度中，品牌能够通过错维竞争的方式，提供明显超越同维竞争对手的价值系统；同时在情绪价值层面，品牌能够成为安抚消费者内心的"灵丹妙药"。黄牛深夜在迪士尼排队抢购达菲和朋友们的原因，其实是人们渴望达菲和朋友们给自己带来的愉悦感受。

诸多火爆现象背后实则是情绪的涌动，鸿星尔克因为在自己最困难的时期坚持为灾区捐款，被刷爆了直播间。淄博烧烤由于好客与不宰客的行动，获得了全国人民的热捧。其背后都是情绪共鸣后的出口。再如二次元在日本火爆的场景，甚至你很难想象，一个男生会希望跟虚拟的二次元人物结婚。在国内，很多能够影响情绪类的产品：解压玩具、香熏蜡烛、手办等都开始变得热销起来。

因此，在未来的品牌竞争中，情绪、情感和精神价值成为品牌竞争的新战场。人们倾向于购买能够唤起情感共鸣、反映个人价值观的品牌，这超越了物质满足，是对心灵深处触动和认同的追求。因此，新的品牌必须深入挖掘和理解消费者的内心世界，创造能激发情绪、代表个人信仰和生活态度的产品。因为只有这样，才能赢得消费者的忠诚度和推崇，在激烈的市场竞争中脱颖而出。

9.4　品牌 IP 化

品牌的意义与情绪价值

品牌在当代社会中不仅是商业的标识，更是人们的情感锚点。它们存在的意义超越了产品和服务的基本功能，成为人们在纷繁复杂世界中寻找稳定、信任和归属感的桥梁。

那么信仰与品牌为什么会存在？回答这个问题，需要回归到每个人存在的动力是什么，或者说人是为什么而活呢？我们可以找到一个词语来表达，那就是"安全感"。人类生而有追求安全感的本能，这种安全感不仅仅是生理上的，更是心理上的满足。

为什么会有这样的现象呢？那是因为从古至今，外部世界总是复杂的、多变的、不确定的、虚无缥缈的、混乱的；而我们人类内心总是渴望稳固的、精准的、触手可及的。这样一来，外部世界与人类内心之间就存在着巨大的矛盾与冲突。因此一个能够调和这种矛盾的"介质"就变得非常重要，能够给人们提供"安全感"的事物应运而生，它可能是一种信仰，可能是一个品牌，也可能是其他。

所以，品牌成为消除外部复杂性和内心需要之间差距的关键"介质"，它是抵御混乱、不确定性的盾牌。通过创造一致的品质、信念、故事或抚平不安内心的情绪，品牌构建了一个可预见的、可信赖的空间。无论是一枚钻戒，还是一件名牌服饰，这些都不仅仅是物质或观念，而是安全感、自信、归属和认同感的象征。它们缓解了人类内心的焦虑，满足了人们对稳定和一致的需求，甚至于在某种程度上，帮助个体构建自我认同和社会地位等，在变幻莫测的世界中为人们提供心理的避风港。

就像马斯洛需求理论中所讲的那样，当人们的基础需求被满足后，人们的需求层次将会向更上层发展。所以，随着物质生活的满足，人们对于品牌的要求不再是简单的功能性，他们希望品牌如同好友般的存在，他们希望在品牌身上获得情感的共鸣与弥补，以及希望通过情感的不同需求，为自己贴上特定人群的标签。

情绪价值的需求是因，品牌的人格化转型是果

如果说情绪价值的需求是因，那么品牌的人格化转型就是果。现代消费者更倾向于那些能听懂他们内心、理解他们需求，甚至在情感上给予支持的品牌。他（她）们不满足于单一的购物经历，而是渴望品牌与他（她）们能够更深层次地互动和情感交流。消费者不再希望面对冰冷的商标与毫无情绪的广告语，他们更希望品牌能够像自己身边的挚友，能够抚慰他（她）们的心情，建立真实、深刻的"人际"关系。

在这个过程中，每一次营销传播，每一个广告语，乃至每一款产品，都不再是简单的信息或物品传递，而是需要转变为品牌与消费者之间情感互动的载体。品牌需要学会倾听、对话，甚至是情感上的相互依赖，通过用心挑选和推出真正具有温度的产品，让消费者感受到独特的关怀和理解。这样的人格化转型，不仅能增强消费者的归属感和忠诚度，也将品牌推向一个全新的情感高度，创造出更加坚实和持久的市场地位。

落脚于品牌的表现方式，IP化是人格化的主要表现形式。IP（ Intellectual Property ），直译为"知识产权"，是用知识或脑力所创造的一种独特的表现形

式而形成的资产。文学、影视、动漫、游戏等，都可以是 IP 的一种表达形式。品牌 IP 可以理解为，是集合了品牌的价值观、世界观而形成的生动的卡通人物形象。品牌 IP 化打破了传统品类的概念，从最早期的品牌聚焦于某一个细分品类，到现在的人们爱上某一 IP，就希望获得这个 IP 的所有产品。品牌的边界被 IP 无形中放大，这可能也是品牌 IP 的魅力所在吧。

在早期的商业中，不少国际品牌也是凭借着有趣的 IP 人物，获得大众的认可：比如米其林的轮胎人，它是一种有趣的卡通形象，但同时也代表了米其林的品牌精神——追求卓越和质量。又如 M&M's 巧克力豆的角色形象，它们各有特点，有的调皮，有的酷炫，使得品牌更有生活化，有亲和力，与消费者产生更深的连接。在国内市场中，三只松鼠是比较早运作 IP 的品牌，同样也获得了非常出色的市场反馈。

除了对于商品的拉动之外，IP 对于文旅的影响同样巨大。故宫博物院、敦煌博物馆都通过 IP 的运作收获了众多粉丝（如图 9-11 所示）。

图9-11　故宫博物院与敦煌博物馆IP[1]

1　照片。

2010 年，为了推广即将开通的新干线和提升熊本县的知名度，熊本县政府创造了一只萌态可掬的吉祥物——熊本熊（如图 9-12 所示）。与传统的地方吉祥物不同，熊本熊的营销策略是开放的——以免费且极少的使用限制授权商家和个人使用熊本熊的形象进行商品化。

图9-12　熊本熊[1]

熊本熊不仅是一个吉祥物，更是熊本县的"销售大使"。在社交媒体上，它就像一个真实的网红，分享生活点滴，与粉丝互动，用它那无所不在的"萌"力，跨越年龄和国界，俘获了无数粉丝的心。更难得的是，在 2016 年熊本地震那一刻，这只黑白小熊立刻化身希望的使者，为灾区带来了力量和勇气，其社会价值和品牌影响力得到了空前的提升。

B. DUCK 小黄鸭是一个专注于 IP 运作与授权的国内知名 IP（如图 9-13 所示）。B. DUCK 诞生源于创始人看到一则有趣新闻：一场突如其来的风暴袭击了一艘驶向美国华盛顿的货轮，船上的货柜不慎坠海，导致 29000 只塑料小

1　熊本熊官网。

鸭环球漂流的故事。2022年小黄鸭在香港主板上市，并在全网拥有超1900万名粉丝。

图9-13　B. DUCK 小黄鸭[1]

IP化的热潮正逐步在全球蔓延开来，就连NBA也在逐步拓展其IP的影响力（如图9-14所示）。NBA的成功不仅基于球场上的精彩比赛，还在于其巧妙地将比赛、球员和经典瞬间转化为独特的内容资产，与粉丝建立深厚的情感连接。基于这一点，NBA进一步将其品牌化，并与各大品牌进行授权合作，推出篮球鞋、服装、帽子等多样产品，同时还深度挖掘IP价值，推广手办、游戏和动画等周边，满足粉丝的多元需求。

图9-14　NBA IP[2]

1　照片。
2　照片。

10 第10章
万物皆可错维

　　维度变化的奥妙犹如一颗永动的魔方，旋转、转动，每一个角度都孕育着新的奇迹。在错维竞争的世界里，我们如同巧手之间的魔方，不断地调整、变换，探寻那些潜藏在日常生活中的奥秘，探索崭新的天地。

10.1　一切皆可错维

你会发现不仅仅是竞争，错维也可以运用到商业或生活的各个领域。我们可以将错维视作一种突破原有维度局限的思维模式。在这个新的思维模式中，我们可以将多维中的事物重组，或是运用维度的改变达成以强胜弱的结果。

在艺术与设计领域，错维思维可以激发艺术家和设计师的创造力，打破传统的审美观念，创造出独具匠心的艺术品和设计作品。建筑师可以将绿色环保与时尚设计相结合，为城市带来更具生态意识和美感的建筑；时尚设计师可以将传统文化与现代潮流相融合，打造独特的时尚风格。

在教育领域，错维思维可以提供教育领域的创新方法，打破传统教育模式，为学生创造更加有趣、高效的学习体验。如通过将游戏化元素融入课堂教学，让学生在游戏中掌握知识；或将虚拟现实技术应用于教育，让学生身临其境地感受历史事件或自然现象。

在企业战略中，错维思维可以为企业战略提供更宏观的视角，并打破传统的线性分析模式，为企业提供一种更为开阔、多元的分析方式。使得决策者能够超越现有的产业链条，进行横向和纵向的维度分析、识别、拆分，并重新整合产业链的不同层面。企业能够重新配置资源，加强其核心优势，可能是通过技术创新、合作或兼并等方式，在某个或多个环节中形成绝对的竞争优势。

错维盈利

错维盈利可以理解为，依靠不同维度盈利方式的交叉补贴而构建的盈利。

可以理解为用多维盈利对单维盈利模型的品牌进行打击，或是在竞争对手同时多维盈利模型的前提下，主动降低某些维度的盈利性，以获得竞争优势的方式。

例如特斯拉的循环降价，就是希望降低自身在汽车销售中的收益，来换取市场中的更大占有率。然而，特斯拉在行业中能够获得更大份额之后，它正在布局多维盈利系统。

1．能源储存与分发

特斯拉已经进入了家庭和商业能源储存市场，推出了 Powerwall、Powerpack 和 Megapack 等产品。这些能源储存系统可以与太阳能电池板结合使用，为用户提供独立于电网的电力解决方案。特斯拉还有可能进一步扩展其在可再生能源领域的业务，例如投资或建设太阳能发电厂或风力发电厂。

2．自动驾驶技术与车载软件

特斯拉正积极开发自动驾驶技术，与众多的车载软件。随着技术的成熟，特斯拉可以通过订阅式的自动驾驶软件，或提供自动驾驶出租车服务（特斯拉 RoboTaxi）等方式实现盈利。

3．充电基础设施

特斯拉已经建立了全球最大的电动汽车充电网络——特斯拉超级充电站。随着电动汽车市场的不断扩大，特斯拉可以通过增加充电站数量，甚至可以开放为其他品牌电车提供付费充电服务来获得更多收益。

4．二手车市场

特斯拉可以通过二手车销售、租赁，以及提供二手车售后服务等方式拓展其在二手车市场的盈利空间。

5. 数据与网络服务

特斯拉汽车在行驶过程中会产生大量数据，特斯拉可以分析这些数据，为汽车制造商、保险公司、政府等提供有价值的信息和服务。此外，特斯拉还可以通过提供车联网服务、车辆远程监控等增值服务来实现盈利。

试想一下，在其他车企还在从单一维度的车辆销售中获取利润时，特斯拉的多维盈利让其获得充足的发展潜力。而此后，如果其他车企也认识到多维盈利模型的重要性时，特斯拉或许会选择主动放弃部分盈利维度，仅专注于如大数据和软件等关键领域。这种策略调整将使特斯拉在面对那些仍以单一模式盈利的竞争对手时，拥有压倒性的竞争力。

错维营销

在营销温度中，当品牌能够跳出同维的营销限制，你将获得更多的营销可能性。在辣酱市场的激烈竞争中，大多数品牌往往会选择电商，或者大型超市的渠道。而虎邦辣酱却另辟蹊径，选择了竞争对手尚无涉足的新渠道，当然，这一切都源于虎邦辣酱对于新场景的洞察能力。

经过细致的研究，虎邦辣酱发现，人们往往在菜品口味较弱的时候会选择吃辣椒酱，那么在哪个场景中，饭菜的口味会偏弱呢？外卖，一个精准的场景开始浮现出来。那么虎邦辣酱是否可以作为一种外卖的佐餐酱料出现呢？此外，虎邦辣酱没有选择直接卖给 C 端消费者，而是选择与外卖的商家进行合作，成为提升外卖商家菜品口味和提升客户服务的附加品。这样的选择，让虎邦辣酱一下子从传统辣酱的渠道中跳脱出来，成为外卖场景中辣酱的绝对王者。

再者，通过维度的改变，切换营销对象成功的例子也有很多。例如，同样是卫生巾的销售，大多数人的思维定式会停留在如何更有效地向女性推销这一产品。然而，少有人考虑到将目标人群转向男性，他们思考的是，为何我们不能将卫生巾定位为男性送给女性的一种关怀的礼物，从而拓宽新的消费场景与渠道？

此外，有效地利用错维创意制造营销的热点，也是错维营销的一种非常好的方式。错维创意在营销中就像是一场有趣的魔术表演，它能在意料之外点燃公众的好奇心，让品牌成为众人关注的焦点。就拿2021年那件闹得沸沸扬扬的蒂芙尼（Tiffany）手环事件来说，一款与厨房里的刷碗钢丝球惊人相似的手环居然标价81000元，这一怪异组合立刻成为社交媒体上的热议焦点。神奇的是，这一事件虽然没有任何的营销投入，却收获了意想不到的营销效果，可见错维创意的影响之大。在新品牌的营销中，如果希望在有限的经费下，获得更好的营销效果，发动你的大脑，开始一场错维创意的头脑风暴必不可少。

10.2　不同能力创业者的错维思考

正态分布，在统计领域是一种基础却至关重要的概率分布形式。它犹如一座优美的钟形山峰，山顶是平均数，而山脚两端则稀疏地分布着极端值（如图 10-1 所示）。这不仅是数学模型，更是自然与社会现象的真实映射。而在现实世界中，人们的能力分布也如正态分布一样。极具天赋的人与能力极弱的人是很少的一部分，而常规能力的人往往占了社会绝大多数。我们可以根据正态分布将创业者分为三个梯队：强势型选手、常规型选手与弱势型选手。那么每个梯队的创业者应该如何应用错维的方法呢？这事值得探讨一下。

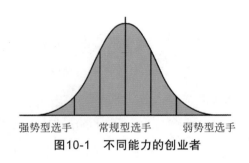

图10-1　不同能力的创业者

第一梯队：强势型选手，趋势的制造者

强势型选手也可以被理解为天才型选手。这些创业者位于正态分布的左侧尾部，也就是极值部分。他们是那些具有非凡才华、独特视角和无人能敌的执行力的创业者。他们的创业项目通常具有颠覆性和创新性，能够引领市场和行业的发展。

在现实世界，天才的能力是藏不住的，如莫扎特 4 岁演奏，5 岁谱曲，7 岁巡回演出；达·芬奇不仅仅绘画了举世闻名的《蒙娜丽莎》，他同样还是数学家、地质学家、天文学家、生物学家、解剖学家等，在各大领域都具有突出的贡献，并早在 500 年前就设计出飞机的概念。

在历史的长河中，伟大的天才总是引领时代的先锋。从哥白尼的日心说，到牛顿的万有引力定律，再到爱因斯坦的相对论，他们勇敢地挑战既有的认知，将原本看似不可能的事物变为现实。天才们用自己的智慧点燃了进步的火把，为世界带来了一次又一次的科技革命。而在商业领域，天才们同样身披光环，以创新的理念引领市场趋势。乔布斯将科技与艺术融为一体，让手机从实用工具变成时尚配件；马斯克则用他的野心和毅力，引领人类探索太空和新能源，拓宽了我们的视野。这些天才以非凡的勇气和智慧，塑造了新的行业格局。

在激烈的商业竞争中，不断地"超维"才是天才型创业者最佳的选择。他（她）们总是能站在时代的前沿，捕捉到潜在的需求，为我们带来更多出乎意料的惊喜。他们超越了常规思维的限制，突破了同一维度的桎梏，展现了前所未有的创造力。"超维"不仅为他们自身带来巨大竞争优势，也推动了新的市场"趋势"的诞生，推动着社会进步和产业革命。在不断变革的时代，强势型选手的超维思维成为改变游戏规则、引领趋势的关键力量。

第二梯队：常规型选手，趋势的受益者

大多数的创业者是常规型选手，这些创业者位于正态分布的中间部分，也就是平均值附近。他们是那些具备一定才华和能力，能够稳健地开展和管理创业项目的人。那么这一阶梯的群体需要运用什么错维方式呢？这里我们可以先读完下面的博弈小故事，再来思考问题的答案。

博弈论里有这样一个经典案例"智猪博弈"，讲述的是在同一个猪圈里，有一头成年猪和一头幼猪。食槽的开关和食槽，各被分配到了猪圈的左右两

边。这时候幼猪可以有两种选择，一种是主动去按食槽的踏板，但跑到另一边食槽吃食的时候，可能食物已经被大猪全部吃完；另一种是蹲点在食槽边，等待大猪去踩食槽的踏板。对于幼猪而言，较明智的策略就是静静地在食槽旁等待，让大猪去踩食槽的踏板（如图 10-2 所示）。

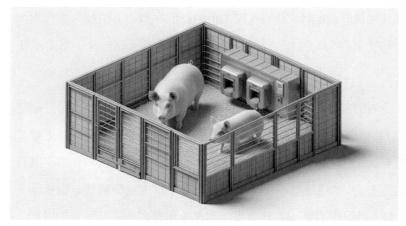

图10-2　智猪博弈

看到"智猪"的选择，不禁让我们看到了似曾相识的场景，仿佛自己就是那只一直去踩食槽踏板的小猪，结果总是饥肠辘辘的。有时候，我们不一定要去做完全的创新，在已经被验证好的趋势下做事，肯定更加轻松。幸运的强者做好 0～1，常规创业者做好模式优化后的 1～10000 成长中的每个阶段需要做出的行动都不一样，根据自身的能力来思考与行动很重要，在弱势时学会积攒实力，在强势时懂得舍命狂奔。

在我们大谈差异化的同时，很多成功的品牌都是顺应趋势的产物，它们大多是在原有的成功的案例基础之上做了自身的优化。在大的趋势下做"小而美"，我们需要打开自己敏锐的眼光，当一个概念或品类飞速成长的时候，我们需要通过这个点看到立体的空间。一个价值系统成功后，其系统之下会诞生一个可进入的趋势空间，在这个价值空间中，你可以通过价值优化，势能传递，找到自己可以栖息的地方。换句话来讲，就是一个商业模型成功之后，它并非最完美的状态，这就留给后进入者去优化并演化的空间（如图10-3所示）。

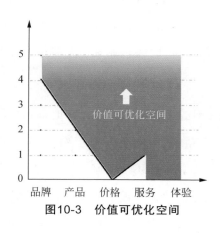

图10-3　价值可优化空间

现实中，我们的创业者常常渴望寻求标新立异的概念，但大多数时候，由于自身的能力所限，我们无法达成那些"超维"的结果。这会使得自己掉入一种内耗的状态。因此，常规型创业者最佳的选择，就是去捕捉那些天才型选手所达成的"超维"的趋势。在趋势之下，运用错维竞争的方式对自身的行业进行优化，做出更优的"价值系统"，成为趋势的真正受益者。

第三梯队：弱势型选手，趋势的参与者

弱势选手，这些创业者位于正态分布的右侧尾部，也就是极值部分。他们

可能在资源、能力或经验上有所不足，创业过程可能会遇到更多的困难和挑战。但是，这并不意味着他们就没有成功的可能性。读完查理的故事相信你就会有所启示：

1998年，32岁的查理终于告别了洗碗工的日子，来到一位有钱人家里做饭。然而，女主人的严苛却让查理想要尽早逃离。恰逢此时，一家小科技公司正在招聘一位厨师。查理披荆斩棘，很轻松地来到了最后一轮面试。面试官尝过查理手中的美食后，让他回家等消息。然而，整整四周过去了，音讯全无。正当查理忍无可忍的时候，那家小公司终于打来电话邀请他周一来报到。

查理满怀信心地来到这家新公司，然而，他看到的却是一群彼此打闹的员工，工作状态也是优哉游哉。就连公司送菜的供应商都翻着白眼说，这种小公司迟早要倒闭。然而，查理还不知道，他的人生正在经历一场巨变。之后，公司规模开始极速地变化，从最初的十几人，迅速扩张至500人，查理也晋升为厨师长。某天，会计跑来告诉查理要抓紧时间认股。虽然查理一头雾水，但在同事们的劝说下，他向父亲借了钱加入了这场毫不知情的投资。2004年8月19日上午9点，这家曾经的小公司"谷歌"在纳斯达克成功上市。查理手里的股票瞬间翻了数千倍，就这样，查理一夜暴富过上了他的完美人生。

或许我们会感叹，不是人人都有查理这般的好运，但如果我们能善用错维价值系统的分析，找到身边那些有潜力的企业，并尽早成为它们很小一块业务的合作伙伴，是否可以很好地搭上未来的"顺风车"了呢？就如同上一章我们讲到的"鲫鱼品牌"，我们不一定要成为巨人，但能够站在巨人的肩膀上也是另一种成功。我们身处的是一个强者更迭、弱者长存的世界。所以弱势并没有什么不好，但重要的是你选择与谁同行。

10.3　人生也需要错维

其实，人生的经营又何尝不是像企业的经营一样，我们也需要找到自己人生的"生态位"。但由于定式思维与从众的心理，我们往往去到了与自身能力相近的"同维竞争"环境，以至于沦为"消耗战"的牺牲品，始终不能脱颖而出。那么错维又能给我们的人生带来什么样的思考，而我们又需要做哪些事情来达成错维的状态呢？

让自己的优势找到绝对优势的"位置"

想象一下，你是一位厨艺尚可，但拥有耐心与优秀表达能力的厨师。在五星级酒店的厨房中，你的竞争对手都是经验丰富、技艺高超的大厨。在这样一个高水平的团队里，你自认为优秀的厨艺可能会变得黯然失色，甚至只能沦为做帮厨的工作。那么，在这个关键时刻，你需要深入思考如何在特定场景中将自己的优势发挥到极致。

某天，机会降临。一个电视节目正在寻找一位厨师，专门教孩子们如何烹饪美食。正好，你的耐心与沟通表达能力在这个场景下变成无法抵挡的独特优势。在这个舞台上，你展现出了无尽的自信，令你在节目中表现出色，一举成为教孩子们烹饪的最佳导师。

这个过程中，你的能力并没有改变，变得只是厨艺的应用场景。这就是错维竞争的魅力所在——寻找到一个能将自身优势转化为绝对优势的场景，让你在竞争中脱颖而出。在这个简单的故事中，我们看到了"位置"的重要性，那么，你的专业还可以应用到哪些场景呢？

善于与他人协作，用自身价值与他人创造新的价值组合

人生旅途中，我们需要与他人携手，才能创造超预期的价值。善于与他人协作可以帮助我们实现更快的进步，共同成长。例如，NBA伟大球员科比·布莱恩特的成长经历，他的天赋和技艺无可挑剔。然而，在他的职业生涯初期，却非常习惯于单打独斗，这种风格虽然让他取得了一些胜利，却并没有为他的团队带来足够的成功。

在季后赛的一场关键比赛中，科比再次选择了单干，试图用他强大的进攻能力赢得比赛。然而，这一次却遭遇了严重的失败。面对强大的对手，科比独行侠的策略不仅让他自己陷入困境，也让整个团队陷入低谷。这场失利，成为科比职业生涯中的一个重要转折点。

心灰意冷的科比意识到，他需要改变自己的比赛风格，学会与队友协同作战，共同创造胜利的契机。于是，科比开始将自身的方向放在提升团队协作能力上。他不仅在场上与队友们更加默契，还花费大量时间了解他们的特点与优势，以便更好地将每个人的价值融入团队中。自此，科比从一个以自我为中心的得分手，逐渐成长为一位真正的团队领袖。

人生很多时候也跟一场篮球赛相似，并非单人比赛，而需要用自身的优势充分地与他人协作。只有当我们愿意放下以自我为中心，与他人的力量和智

慧融合，才能激发出足以点亮星空的光芒。这不仅仅是简单的力量汇聚，而是一种超越自我的升华，是深刻认识到：在这个相互联系的宇宙里，我们只有彼此依赖，才能共同铸成生命的网。

当我们学会倾听与协同，不再仅是为了自己的声音而唱歌，而是为了整个合唱团的和谐，那么，每一个在生命赛场上努力奔跑的灵魂，终将成为这首交响乐不可或缺的音符。

懂得给自己增维，打好价值组合，获得竞争优势

为了在激烈的竞争中脱颖而出，我们需要拓展自己的多维价值。这意味着我们需要在一个领域取得优势的同时，发掘其他领域的潜能。比如，知名歌手泰勒·斯威夫特，她不仅是一位成功的歌手，还是一名出色的词曲创作人、演员和慈善家。泰勒在音乐、表演和慈善等事业中都取得了巨大的成功，使她的人生更加丰富多彩，同样也使她在粉丝心中的位置坚不可摧。

"不想当厨子的裁缝不是好司机。"曾是网络中一个很火的段子，网友也纷纷套用这一样的句式来嘲讽自己的职业。然而从现在的角度来看，这句话似乎更有深意。在自媒体盛行的时代里，你会发现，想要做好自己的自媒体账号，只会文案也是"寸步难行"的事情，市场多元化的需求，使得创作者需要具备拍摄、剪辑、表演、运营能力及行业知识，甚至于艺术与审美能力都是缺一不可的。虽然你会觉得太过烦琐，但这也恰恰是一些短视频大V能够快速崛起的原因。

在当今竞争激烈的社会中，不论从事什么岗位，拓展自己的多维价值都已经成为一种必然。单维价值意味着个人只在某一领域具备优势，而在其他方

面则表现平平。这种情况很容易使人在工作中被取而代之，甚至很容易被工作淘汰。因此，我们应该学会跳出自己的舒适区，探索新的领域，提高自己在多个方面的价值。

持续自我认知提升，不断自我"升维"与"超维"

人生，就像是一部厚重的书，每翻过一章，都是新的启示和成长。在这个不断变化的世界里，我们每个人都在书写自己的故事，而"升维"与"超维"，则是那些让故事变得丰富多彩的精彩篇章。想象一下，当我们小的时候，整个世界似乎就只有家和学校，但随着年龄的增长，我们的世界观开始拓宽，原来的认知被新的经历所替代。这就是"升维"——一种对生活更深、更广的理解和把握。

而超维就是当你开始质疑常规，当你不满足于现状，开始设定对自己的更高要求时，不断自我突破的过程。就像是攀登一座座绵延不断的山，每到达一个新的高度，都能看到之前未曾发现的风景。那种喜悦、那份成就，是前所未有的。

这样的自我提升和超越，将是我们一生的课题。它不仅是获取新的知识，更是一种内心的成长和精神的升华。它要求我们不断审视自己，敢于面对自己的不足，勇于走出舒适区。请谨记，无论岁月如何变迁，保持好奇心，持续学习，勇敢面对未知，就能够书写出属于自己的精彩故事。

总之，人生同样需要错维，我们应该充分了解自己的优势，善于与他人协作，拓展自己的多维价值，并持续自我认知提升。只有这样，我们才能在这个充满竞争的世界中大放异彩，实现自己的人生价值。从普通创业者到成功企业家，从职场新人到行业领袖，每个人都可以从错维的思维中受益，为自己的人生插上翅膀，勇敢地追求梦想。

10.4　错维离不开高维认知

《教父》电影的主角曾有这样的一段经典台词："在一秒钟之内看到事物本质的人，和花了半生也看不清一件事本质的人，命运是截然不同的。"其实这个台词的核心，讲的就是人的认知差异。

认知指的是人们对外部世界的信息进行感知、理解、处理和应用的过程。简单来讲，认知就是我们判断外部事物的能力，我们也可以将认知理解为大脑的运算模型（算法），它决定了你的世界，事物与事物之间的连接关系。更高维的算法能够兼容低的算法，相反单维的算法无法兼容其他事物。然而，由于人的知识结构与经历不同，我们可以将人的认知分为三个层级，即单维认知、多维（高维）认知与错维认知。

单维认知

曾经在网上看到这样一个关于单维认知的有趣故事。讲的是一个白领的儿时回忆，他生活在一个遥远的小镇上，那时候所有的孩子都沉迷于经典的电视剧《西游记》。但班里同学都认为唐僧的袈裟是黑色的。然而只有他坚持认为唐僧的袈裟是红色的。这让所有同学都非常生气，狠狠地把他打了一顿。

但这位同学依旧不服气，决定带全班同学到他家，让大家亲眼看看唐僧的袈裟到底是什么颜色。就这样，所有同学好奇地来到了他家，当屏幕上出现了穿着鲜红色袈裟的唐僧时，同学们开始抱头痛哭起来——他家竟然是一台彩色电视机！

可见，处在单维认知的人，只能从自己的喜好及已知的信息来评判问题。这就像电脑只有单核处理器，只能处理极为简单的事情，容易受到局限和偏见的影响。对于自己没有亲眼见过的事物，第一反应就是错的。

多维（高维）认知

美国社会学家，斯科特·佩奇曾表示："一个人是否智慧，并非由智商决定的，而取决于他思维模型的多样性。"

多维认知正是如此，随着知识积累和经验的丰富，人们逐渐意识到事物的复杂性，可以站在多个不同维度、角度来审视和分析问题，甚至大脑中同时可以容纳完全对立的观点。这种认知方式有助于我们在多个层面上了解事物的本质，更接近现实。多维认知看待问题更有深度，且拥有更高的兼容性。

在纪录片《解码比尔·盖茨》中关于贫困地区水源问题的场景，展示了比尔·盖茨对问题的全面而深入的思考。在这个场景中，大多数人在关注贫困地区水源问题时，往往只看到了表面现象，即缺乏水源，因此他们认为提供水源就能解决问题。

然而，比尔·盖茨认为，解决贫困地区水源问题的核心不仅在于提供水源，更在于如何处理生活污水，并合理分配和利用这些水资源。这种多维视角让比尔·盖茨能够更全面地理解问题，并找到更有效的解决方案。因此，比尔·盖茨发起了一项名为"厕所革命"的项目，旨在改进卫生设施，减少水污染，提高水质，最终他们找到了污水可以循环使用的方案。

在多维认知的世界中，人们不再以自我为思考中心。它要求我们能够时时"清空"自身固化的思维模式，这不是指遗忘个人的经验知识，而是放下那些框定思想的界限和先入之见。

在多元思维的指导下，个体不仅学会倾听不同观点以理解形成它们的逻辑和价值，而且通过开放性和灵活性，在面对新挑战时能快速适应，合并各种可能性创造出新的方法。

错维认知

错维认知是在多维认知的基础上，人们进一步拓展认知边界，尝试不断突破维度极限，从而达成发现新的视角。错维认知中，不再存在维度边界的障碍，万物可以自由连接。

在16世纪和17世纪的欧洲，主流接受的观点是地心说，即认为地球处于宇宙的中心，太阳和其他行星围绕地球运动。然而，伽利略继哥白尼之后再次提出日心说，即太阳位于宇宙中心，地球和其他行星围绕太阳运动。这一观点的提出，相当于以一人之力挑战了1000多年的世界观。

伽利略通过自己制造的望远镜观测了天文现象，发现了许多证据支持日心说。例如，他观察到了木星的卫星，这是地心说难以解释的现象。他还观察到了金星的相位，证明了金星围绕太阳运动，还运用一系列实验捕捉到了惯性等。伽利略敢于证明日心说的行动，对当时的科学界产生了深远的影响，使得日心说逐渐被接受。

与多维认知不同，错维认知不仅能够兼容多个维度的存在，还使其不再受到每个维度框架的限制，并可以将多个不同维度从新进行排列组合。

综上所述，从单维到多维，再到错维，人类认知的拓展不仅体现了对事物更深入、更全面的理解，也彰显了创新和跨界思维的可能性。在这个过程中，我们不断地突破自身认知的局限，不断探索和尝试，以适应不断变化的世界。

然而，多维认知与错维认知，都是建立在我们自身心量提升的基础之上。因为只有当我们有足够的心理空间，才能勇敢地面对未知和不确定性，才能在混沌中寻找秩序，在错误中寻找真理。所以，如果我们希望拥抱美好的未来，那么心量与认知的提升将是我们每个人终身需要践行的事情。

圈层是认知的土壤

如果希望快速地获得认知的提升，那么没有什么比融入一个好的圈子更便捷的事情了。因为人很难认清真实的自己，所以优秀的圈子，能让你跳出自我"屏障"，站在更高的维度去看待问题。

想象一下，如果你经常与各个行业的经营者一起讨论问题，并把酒言欢。那么你是否能从他们身上学到些什么呢？好的圈层能推动彼此进步与成长，也是最好的认知的土壤，尤其是在商业领域。

不仅是初创公司的创业者，就连世界顶尖的企业家，也依然离不开优秀的圈子与时常可以给自己指点迷津的挚友。投资大师沃伦·巴菲特与微软创始人比尔·盖茨的友谊就是这一例子，尽管他们的背景、经历和行业各异，却因为志趣相投而成为好友，相互取暖，成为彼此人生道路上的明灯，共同面对商业世界的挑战。他们的友谊跨越了年龄与行业界限，见证了他们在商业领域里共同成长与取得成功的过程。

31年前，一场活动中的偶遇让他们成为朋友。那天，巴菲特和比尔·盖茨应邀参加一个朋友的聚会，虽然两人对这场聚会并无太多期待，但在聚会上却发现彼此聊得投机。从那以后，他们开始保持联系，成为无话不谈的密友。巴菲特的谦逊与智慧深得盖茨欣赏，而比尔·盖茨则因为独特的商业视角而得到巴菲特的认可。

他们的友谊并非建立在利益交换的基础上，而是建立在相互尊重与共同成长的基石上。在商业领域，他们相互学习，时常交换自己在同一件事物上的不同认知，共同进步。比尔·盖茨曾经向巴菲特请教如何更好地管理财富，而巴菲特则向比尔·盖茨请教如何运用科技改变世界。在彼此的人生中，他们成为对方最好的老师与朋友。在生活中，他们也互相关照，彼此分享快乐与痛苦。有趣的是，这两位成功人士都有一个共同的爱好：热爱吃"垃圾食物"。他们一起品尝汉堡、薯条等快餐美食，享受简单而快乐的时光。

此外，他们还共同投身于慈善事业。2010年，巴菲特和盖茨共同发起了"捐赠誓言"（The Giving Pledge），承诺将大部分财富捐赠给慈善事业。他们希望通过自己的努力，让这个世界变得更美好。

然而，圈层的连接，依然需要价值的互换。这段友谊为他们彼此带来了新的视角，激发了商业上的灵感，让他们的生活更加充实。这种跨维的友谊，同样也为他们提供了更广泛的圈层，帮助他们结交更多志同道合的朋友，不断提高自己的认知水平。沃伦·巴菲特与比尔·盖茨的友谊故事充满了欢乐与感动。他们的经历让我们明白，真正的友谊不仅能使我们在事业上取得成功，还能让我们的人生更加丰富多彩。

所以，想要获得看待事物的多面性，环境与周围的人才是关键。融入优秀的圈子不仅意味着与卓越的人为伍，更意味着能够吸取各种独特的观点和经验。每个人都有其独特的生活背景、知识和见解，与他（她）们交往、交流，就如同为自己的心智地图增加了新的维度。这些不同的维度能让我们更加深入地了解世界，看到平常可能忽视的事物的深层内涵。

10.5　错维私董会

错维私董会是一个新的构想，希望大家可以通过私董会构建一个错维思维的共识圈子。在这个圈子中，每个人都可以自由地交流思想，共同努力，提高彼此的认知水平。更为特别的是，通过这个共同的错维思维框架，各企业可以明确自己独特的竞争之路。这不仅仅是一个单独成长的过程，更是一个团结合作、互相支持、共同成长的旅程。通过错维私董会的形式，我们可以收获：

1.　在别人视野中看到自己的盲区

作为创业者，我们常常沉浸在自己的创业世界里，难以发现一些潜在的问题和盲点。错维私董会让我们有机会听取来自不同行业和背景的人的观点，这些观点有助于我们发现自己的盲区，从而作出更明智的决策。例如，在私董会上，一位来自制造业的与会者可能会分享在供应链管理方面的经验，而这正是我们作为互联网创业者可能忽视的领域。

2．建立共同的思维框架

传统私董会往往缺乏清晰的沟通思维框架，而错维私董会通过引入错维理论，让与会者形成共同的思考基础。这有助于我们更加高效地沟通和解决问题。例如，基于错维理论的价值系统，我们可以制定属于自己的评分系统，并邀请私董会中的朋友帮助自己评分，给出自己错维的方向建议。错维私董会强调知识和经验的分享，让我们在与会者之间建立一种互相学习和成长的氛围。这有助于我们提高自身的认知水平和判断力，为自己的企业和品牌发展提供强有力的支持。

3．通过社群的力量，帮助企业共渡难关

创业过程中难免会遇到困境和挑战，错维私董会为创业者们提供了一个团结互助的社群，让我们在面临问题时能得到及时的支持和帮助。在错维私董会的社群中，创业者们可以相互倾诉、分享经验，找到共鸣、提升认知。此外，这个社群还有助于建立有价值的人脉资源，为企业发展注入新的活力。例如，当我们面临融资难题时，可以在错维私董会的社群中寻求建议和引荐。而当遇到市场营销问题时，我们也可以从社群中获得灵感和借鉴其他创业者的成功案例。

4．跨界合作，拓宽视野

错维私董会提供了一个跨界沟通的平台，让创业者能够与来自其他行业的专家和同行交流，从而拓宽自己的视野。这有助于我们发现潜在的合作

机会，以及将其他行业的创新理念和技术应用到自己的企业中。例如，与医疗行业的创业者交流，或许能激发我们为互联网行业开发全新的健康管理工具。

当然，错维私董会带给我们的远不止这些，在未来，愿我们有幸一起探索新的错维边界！

后　记

看到这里，本书的内容就告一段落了。然而，这并不是错维竞争的结束，相反，这应该是错维理论的开始，因为它开始启发更多人融入错维的新世界。在书中的内容，恐怕都不及错维世界的亿分之一，更多的错维路径需要每个读者自己思考与实践，产出专属于自己的结果。

书中阐述的案例多以实体行业的案例为主，并不是因为错维理论仅适用于实体，而是希望以此来唤醒实业与实体的复兴，此外，实体行业的案例更贴近生活，便于所有读者更好地了解错维的逻辑。

回想起来，打算写这本书的想法由来已久，大概是在 2016 年，然而直到2020 年才开始动笔，再到出版也历经了 4 年多的时间。主要是由于自己对于书中的内容不够清晰，或许很多东西就是需要时间的沉淀。一直在反复调整书的框架与内容，总希望可以兼顾理论的高度与实际的落地应用。但很多东西是很难兼顾的，因为"道可道非常道"。本书的目的并不在于教会大家灵活使用错维的工具，而是希望它能够唤起那深藏在每个人心中的智慧。

未来的时代将是事物极速变化的时代，我们所做的，并不是积累过去的很多经验，而是学会保持大脑的"空性"，懂得时刻将自己的"大脑"清空，用新的知识、逻辑、工具去达成自己新的目标。乔布斯曾说："保持饥饿，保持愚蠢。"保持饥饿，意味着我们始终要保持对知识、技能和新事物的渴求。只有具备强烈的求知欲，我们才能在这个变化中找到自己的方向，找到属于自己的定位。保持愚蠢，意味着我们要承认自己的无知，勇于面对自己的不足，这样才能激发出我们去学习新知识，开拓新视野的潜力。

其实人生的发展也是一个不断错维的过程。不断突破自己的专业（升维、超维），不断融入看待事物的新视角（增维）。尽管我们生活在三维空间中，但我们的思考并不仅仅受此限制。比如，时间是四维空间的要素，当我们将它融入分析框架中，我们便能够更加全面和深入地理解眼前的问题。通过这样的方式，我们不仅能够对当下的情境有更为深远的洞察，而且给到自己足够的沉淀来创造出更高的附加价值。

错维是一个全新的思维模型，目前还处于它的起始阶段，尚有不少需要打磨的边角。然而，正如钻石经过切割才能闪闪发光，我坚信错维理论也将在众多读者与实践者的共同探索与完善下，逐步发展成熟。面朝未来，我们将致力于进一步深化并完善错维的理论框架，对书中的核心观点进行更为深入的挖掘，努力构建一个系统完善、实用高效的"错维"系统。

很欣赏王家卫《一代宗师》中的那句台词："凭一口气，点一盏灯。"这是对生命中最微妙的瞬间和力量的描绘，也是对人生意义的一种诠释。分享与给予，正如那盏被点燃的灯，虽然微小，却能照亮别人的世界。真正的智慧并不仅仅是个人的积累，它需要被传递、被分享、被碰撞，如同星火间的相遇，会在漫长的时空中书写永恒的光。

本书至此结束，希望多年之后它依然是你随时可以翻看，引发你思考的一本书。或许到那时，你的故事也已经变成错维系列书籍中的案例。